LUDWIG/BECKER/GEBHARDT/
KÖGEL/KREIMES

Tiere im Gartenteich

Entdecken, erkennen, ansiedeln

Prof. Dr. Herbert W. Ludwig
Dr. Norbert Becker · Dr. Harald Gebhardt
Dr. Friedrich Kögel · Kurt Kreimes

BLV GARTEN- UND BLUMENPRAXIS

BLV

Die Deutsche Bibliothek –
CIP-Einheitsaufnahme

Tiere im Gartenteich: entdecken, erkennen, ansiedeln / Herbert W. Ludwig ... – 5., durchges. Aufl. (Neuausg.)., – München; Wien; Zürich: BLV, 1998
(BLV Garten- und Blumenpraxis)
ISBN 3-405-15346-8

5., durchgesehene Auflage
(Neuausgabe)

BLV Verlagsgesellschaft mbH
München Wien Zürich
80797 München

BLV Garten- und Blumenpraxis

Lektorat: Dr. Friedrich Kögel

Einbandgestaltung: Studio Schübel, München
Gesamtherstellung: R. Oldenbourg, München
Gedruckt auf chlorfrei gebleichtem Papier

Printed in Germany
ISBN 3-405-15346-8

Bildnachweis

Angermayer 65 ul, 121 o
Beck 105 u, 107 o, 107 u
Becker 35 u
Bellmann 39 o, 39 u, 95 o
Bogon 33 ul, 59 o, 61 ol, 83 u
Briemle 7
Eisenbeiss 2, 45 ur, 49 ol, 61 or, 63 u, 65 o, 93 o, 97 o
Eisenbeiss/Kögel 31 o, 31 u, 33 ur, 37 ur, 77 o, 79 o, 79 u, 81 o, 81 u, 87 or
Ewald 67 o
Gebhardt 115 ul, 115 ur, 119 u, 125 u
Hartensuer 15
Herkner 43 ur, 47 ur, 95 u
König 53 o, 53 u
Mögle 69 o
Pfletschinger/Angermayer 37 o, 37 ul, 45 or, 55 o, 55 u, 57 o, 57 u, 67 u, 71 o, 71 u, 73 u, 75 ul, 85 ul, 85 ur, 89 M, 89 u, 91 o, 91 ul, 91 ur, 93 ul, 93 ur, 119 o, 121 ul, 121 ur, 123 Ml, 123 Mr, 125 o, 125 M
Pforr 29, 51 u, 63 o, 69 u, 85 o, 89 o, 101 u, 123 o
Pott 47 ul, 75 o, 83 or, 87 u, 117 u
Reinhard 19, 73 o, 103 o, 103 u, 105 u, 109 o, 109 u, 111 o, 111 u, 113 o, 113 u, 117 o, 123 u
Sauer 23 o, 23 ul, 23 ur, 25 o, 27 o, 41 o, 41 u, 45 ol, 45 ul, 49 u, 51 o, 75 ur, 83 ol, 97 u, 99 o
Schwammberger 115 o
Tessenow 27 u, 35 o, 43 o, 87 ol, 101 o
Wisniewski 111 M
Wothe 25 ur, 33 o, 43 ul, 47 o, 49 or, 59 u, 61 u, 65 ur, 77 u, 99 u
Ziesler/Angermayer 25 ul

Umschlagfoto vorn: Manfred Pforr
Rückseite: Alfred Limbrunner

Grafik S. 13: Hoffmann

Vorwort

Dieses Buch will das Interesse an der Naturbeobachtung am Gartenteich wecken. Es ist eine Frucht langjähriger Zusammenarbeit der Autoren an der Universität Heidelberg. Unsere gemeinsamen Erfahrungen in Theorie und Praxis der Süßwasserökologie waren uns bei der Abfassung von großem Nutzen.
Da es für Ausbau und Gestaltung eines Gartenteichs besondere Bücher gibt, haben wir diese Punkte nur kurz gestreift. Natürlich war es nicht möglich, alle Tiere zu behandeln, die in oder an einem Gartenteich vorkommen können. Wir haben deshalb solche Arten ausgewählt, die häufig, auffallend oder ökologisch interessant sind. Anhand von Beschreibungen und Fotos wird es auch dem Nicht-Biologen möglich sein, beobachtete Tiere zu bestimmen oder zumindest ihre Gruppenzugehörigkeit zu erkennen. In manchen Fällen kann die Benutzung einer 8–10fachen Lupe hilfreich sein.
Wir haben uns bemüht, neben der Beschreibung der Tiere auch möglichst viele Informationen über ihre Lebensweise und ihren Lebensraum zu geben. Dies soll – über die Freude am Gartenteich und seiner Bewohner hinaus – dazu beitragen, das Bewußtsein für unsere natürliche Umwelt zu schärfen und das Verständnis für ökologische Zusammenhänge zu fördern. So wird man bald erkennen, daß ein Gartenteich nicht nur den Reiz eines Gartens erhöht, sondern daß er auch in unserer ökologisch verarmten Kulturlandschaft einen wichtigen Lebensraum für viele, z. T. gefährdete Tier- und Pflanzenarten darstellt.
Wenn es uns gelungen ist, diese Erkenntnisse und Einsichten zu vermitteln, dann hat dieses Buch seinen Zweck erfüllt.

Einführung

Der Garten als Naturraum und seine Funktionen

Im eigenen Garten kann der Mensch noch Harmonie mit der Natur und den notwendigen Ausgleich zu den vielfältigen Anforderungen des Alltags finden. Gerade in unserer stark technisierten Welt hat sich das Bewußtsein für unsere natürliche Umwelt geschärft und immer mehr Menschen sehen in der Betätigung im Garten eine sinnvolle Freizeitbeschäftigung. Nicht zuletzt bietet der Garten als Insel der Ruhe einen geeigneten Ort zur stillen Erholung und gibt ausreichend Gelegenheit, die Lust an der Naturbeobachtung zu stillen.

Die hier angeführten Funktionen kann ein Garten nur dann erfüllen, wenn er mehr oder weniger naturnah gehalten wird. Ein Garten, der aus falsch verstandenem Ordnungsprinzip nur aus Einheitsrasen und oft fremdländischen Pflanzen besteht, bietet nur wenigen Tieren Lebensraum und meist keine Nahrungsgrundlage, da einheimische Tiere an exotische Pflanzen nicht angepaßt sind. Wegen des fehlenden biologischen Gleichgewichts sind in solchen Gartenanlagen häufige Einsätze chemischer Hilfsmittel notwendig, die zur weiteren biologischen Verarmung führen können.

Anders sieht es in Naturgärten oder biologisch bewirtschafteten Nutzgärten aus, die ein kleinräumiges Strukturmosaik aufweisen. Hier existieren viele unterschiedliche Klein- und Kleinstlebensräume, die die verschiedensten Lebensansprüche der Tiere befriedigen. So leben z. B. auf einer Blumenwiese durchschnittlich 10mal mehr Insektenarten als auf einem monotonen Zierrasen, weil viele Insekten, wie z. B. Schmetterlinge, nur auf der Blumenwiese geeignete Futterpflanzen vorfinden. An diesem Beispiel wird bereits ein wichtiges ökologisches Grundprinzip deutlich. Je größer die Strukturvielfalt eines Lebensraumes ist, desto größer ist die Zahl der Tier- und Pflanzenarten, die in diesem Lebensraum existieren können. Der Lebensraum (der Biotop) und die im Biotop vorkommende Lebensgemeinschaft von Tieren und Pflanzen (Biozönose) bilden zusammen ein komplexes Ökosystem. Ein Ökosystem ist meist um so stabiler, je vielgestaltiger der Lebensraum und je höher der Grad der ökologischen Wechselwirkungen zwischen den zahlreichen Organismen ist. Ein vielgestaltiger Garten gewährleistet aber nicht nur ein ökologisches Gleichgewicht, sondern auch die Vielfalt der optischen Erscheinungsformen, die die ästhetische Qualität unseres Lebensraumes und somit den Wert des Naturerlebnisses für den Menschen erhöht.

Als grüne Lungen haben Gartenanlagen auch wesentlichen Anteil an der Verbesserung des Stadtklimas. Nicht nur, daß die Pflanzen den lebensnotwendigen Sauerstoff produzieren und den Überschuß an Kohlendioxyd organisch binden, sie fördern auch als Staubfilter die Luftreinhaltung, senken besonders bei großer Wärme im Sommer die Lufttemperatur durch Verdunstungskälte und regulieren die Luftfeuchte. Ein Großbaum kann in einer Stunde mehr als 2 kg Sauerstoff abgeben und über 100 kg Staub im Jahr ausfiltern.

Gartenanlagen stellen häufig auch

biologisch reichhaltige Inseln inmitten ökologisch verarmter Kulturlandschaften dar. Mitteleuropa war ehemals großflächig von undurchdringlichen Wäldern bedeckt, bis der Mensch damit begann, Kulturland zu schaffen. Beim Roden von Waldgebieten entstanden Weiden und Felder, die in der Regel von Hecken und Steinmauern umgrenzt waren. Kleingewässer als Viehtränken, Wiesen und Feldgehölze prägten das vielgestaltige Bild der Landschaft. Durch menschliches Tun wurden viele neue Landschaftsbestandteile in das waldreiche Land eingefügt und somit Lebensraum für viele Tiere und Pflanzen geschaffen. Dieser zunächst positive Effekt für den Naturhaushalt schlug jedoch aus der Sicht der Ökologen in das Gegenteil um, seit mit der zunehmenden Mechanisierung in der Landwirtschaft dieses kleinräumige Nutzungsmosaik wieder zerstört wurde. Wertvolle Landschaftsbestandteile verschwanden in zunehmendem Maße, weil sie bei der maschinellen Bewirtschaftung im Wege waren. Obwohl man diesen Prozeß der ökologischen Verarmung im Agrarbereich durch verstärkten Naturschutz in den letzten Jahren verlangsamt oder gar umkehrt, können heute vor allem Gartenanlagen wertvolle Ersatz- und Rückzugslebensräume für viele bedrohte Tiere und Pflanzen darstellen.

Die Bedeutung des Gartenteichs

Ein wesentlicher Mosaikstein, der zur ökologischen Bereicherung des Gartens als Lebensraum führt, ist der Gartenteich, weil Teiche wie alle Feuchtgebiete ein Refugium für viele gefährdete Tiere und Pflanzen darstellen. Es sind gerade die Feuchtgebiete, die in den letzten Jahrzehnten die wohl stärkste Beeinträchtigung erfuhren und zu den meistgefährdeten Landschaftselementen gehören, weil

Ein naturnaher Gartenteich, der mit seiner Umgebung – so wie hier – zu einer vollständigen Einheit verschmilzt, ist Lebensraum für viele Tiere und Pflanzen. Selbst in kleineren Teichen kann sich, wenn sie sinnvoll angelegt werden, eine stabile Lebensgemeinschaft ausbilden.

vor allem Tümpel als vermeintlich »unproduktive« Landschaftsteile zunehmend aufgefüllt oder durch Abwässer verunreinigt wurden. Feuchtgebiete wie Sümpfe und Moore sind durch Trockenlegung stark gefährdet.
Weil aber die Lebewesen mit ihrem Lebensraum eine untrennbare Einheit bilden, sind mit dem Rückgang an Feuchtgebieten unweigerlich viele an diesen Lebensraum gebundene Tiere und Pflanzen vom Aussterben bedroht. Gerade in diesem Zusammenhang kommt der Neuschaffung von Feuchtgebieten eine herausragende Bedeutung zu. Im eigenen Garten kann also jeder einzelne im privaten Bereich durch die Anlage eines ökologisch ausgewogenen Gartenteichs die biologische Vielfalt der Landschaft fördern und damit einen Beitrag zur Verlangsamung des Artenrückgangs leisten. Nicht nur natürliche großräumige Feuchtgebiete, sondern eine Vielzahl an kleinen naturnahen Gewässern, die netzartig den Siedlungsbereich überspannen, sind von großer ökologischer Bedeutung, weil sie wanderfreudigen Tierarten wie z. B. Wasserinsekten und Amphibien als »Trittsteine« bei ihren Wanderungen oder gar als Ersatzbiotope für bereits zerstörte Lebensräume dienen. Sind ökologische Wechselwirkungen zwischen den Einzelbiotopen vorhanden, so spricht man von »vernetzten Biotopsystemen«. Besteht eine enge Vernetzung zwischen den Biotopen, so können, z. B. bei ungünstigen Einwirkungen auf einen Einzelbiotop, die dort angesiedelten mobilen Tierarten auf einen nahe gelegenen, in seiner Struktur ähnlichen Ersatzbiotop ausweichen, wodurch das Ökosystem insgesamt weniger störanfällig wird.
Je engmaschiger ein Biotopverbundsystem ist, desto stabiler ist das ökologische »Netz«, dessen Tragfähigkeit auch dann noch gegeben ist, wenn einzelne »Maschen« dieses Netzes durch negative Umwelteinflüsse gekappt worden sind.

Das Lebenselement Wasser

Der Gartenteich als Kleinod in unserem Garten stellt ein kleines eigenes Ökosystem dar, das sich in besonderer Weise für Naturbeobachtungen und das Erkennen ökologischer Zusammenhänge eignet.
Für die Entstehung des Lebens sowie das reichhaltige Leben im Wasser sind die einzigartigen Eigenschaften des Wassers verantwortlich. Wasser ist das Urelement und die Wiege alles Lebendigen. Wären nicht die besonderen Eigenschaften des Wassers, die auf der Struktur der Wassermoleküle beruhen, hätte sich Leben in der bekannten Form auf dem Planeten Erde nicht entwickeln können. Bei der Verbindung zweier Wasserstoffatome mit einem Sauerstoffatom entsteht das Wassermolekül, das bezüglich der elektrischen Ladung ähnliche Eigenschaften wie ein kleiner Magnet mit einem positiv geladenen und einem negativ geladenen Ende aufweist. Wassermoleküle haben daher die Tendenz sich ähnlich wie unterschiedlich gepolte Enden eines Magneten zusammenzulagern. Das Ausmaß und die Art des Zusammenschlusses der Wassermoleküle ist temperaturabhängig. Nicht bei 0 °C oder in Form von Eis, sondern bei 4 °C besitzt Wasser seine größte Dichte. Da Wasser mit der größten Dichte am schwersten ist und in ei-

nem Gewässer nach unten sinkt, werden Tiefenwasserbereiche von Seen nicht kälter als ca. 4 °C. Da Eis leichter als Wasser ist, frieren Gewässer an der Wasseroberfläche zu, wobei das Eis die tieferen Wasserzonen vor weiterem Zufrieren schützt. Auf diese Weise wird wasserlebenden Tieren, wie z. B. den Fischen, in den tieferen Zonen ein Überleben im Winter ermöglicht. Bei der Anlage eines Gartenteiches ist darauf zu achten, daß eine Tiefe von mindestens 1 m gegeben ist, um eine genügend große frostfreie Zone zu erhalten.

Auch die biologisch wichtige Oberflächenspannung des Wassers beruht auf den besonderen Eigenschaften des Wassermoleküls. Die Oberflächenspannung wird von vielen Tieren ausgenutzt, die an der Wasseroberfläche unseres Gartenteiches leben. So trägt sie maßgeblich dazu bei, daß Tiere, wie z. B. der Wasserläufer, sich auf der Wasseroberfläche bewegen können und nicht einsinken. Beim Atmen können sich Wassertiere, wie z. B. Wasserkäfer, Wasserwanzen oder Mückenlarven, bewegungslos an die Wasseroberfläche hängen, ohne zusätzliche Energie aufzuwenden.

Weiterhin machen die besonderen Wärmeeigenschaften des Wassers ein Gewässer zu einem ausgeglichenen Lebensraum. Wasser erwärmt sich nicht so schnell bzw. kühlt nicht so schnell ab wie Luft. Insgesamt treten dadurch im Wasserkörper nicht so große tages- und jahreszeitliche Temperaturschwankungen auf wie am Land und in der Atmosphäre.

Nicht zuletzt wird Wasser durch seinen Molekülcharakter zu einem ausgezeichneten Lösungsmittel für feste und gasförmige Substanzen. Nur durch die Löslichkeit von Pflanzennährstoffen oder von Sauerstoff und Kohlendioxyd im Wasser ist pflanzliches Wachstum sowie der lebensnotwendige Stoffkreislauf im Ökosystem möglich. Die im Wasser gelösten Nährstoffe, wie Phosphate, Nitrate und Sulfate und das für pflanzliches Wachstum notwendige Kohlendioxyd, werden von Wasserpflanzen aufgenommen und beim Prozeß der Photosynthese durch Ausnutzung der Lichtenergie mit Hilfe des Blattgrüns (Chlorophyll) zum Aufbau von organischen Substanzen (Zucker, Stärke und pflanzliches Gewebe) verwendet. Dabei wird der für Tier und Mensch lebensnotwendige Sauerstoff abgegeben. Die Pflanzen sind also die Produzenten von organischer Materie, weil sie aus anorganischen Verbindungen organisches Material aufbauen, und die Photosynthese wird zum bedeutsamsten biochemischen Prozeß nicht nur in unserem Gartenteich, sondern generell auf der Erde. Die Pflanzen, dazu gehören auch winzige einzellige Algen, können nun pflanzenfressenden Tieren – den sogenannten Primärkonsumenten, z. B. vielen Krebsen – als Nahrungsgrundlage dienen. Diese werden wiederum von meist größeren Tieren – den sogenannten Sekundärkonsumenten, z. B. den Fischen oder den Wasserinsekten – gefressen. Zu den sogenannten Konsumenten zählen auch Tiere, die abgestorbene Pflanzen und Tiere sowie von außen eingetragene organische Substanzen (z. B. Fallaub) sofort oder nach teilweiser Zersetzung als Nahrung zu sich nehmen. Diese werden auch als Detritusfresser bezeichnet, zu denen z. B. die Wasserasseln und manche Schnecken gehören.

Üblicherweise gibt es in einem Ökosystem keine lineare Freßbeziehung in Form einer Nahrungskette, sondern vielfältige Wechselbeziehungen, die besser durch ein Nahrungsnetz charakterisiert werden, in dem jede Masche von einem anderen Organismus besetzt wird.

Neben den Produzenten und den Konsumenten zählen die Destruenten zu den wichtigsten Bestandteilen eines Nahrungsnetzes, weil sie den Stoffkreislauf schließen. Die Destruenten sind Mikroorganismen, wie Bakterien und Pilze, die tote organische Substanzen direkt in einfache anorganische Verbindungen wie z. B. Kohlendioxyd, Nitrate, Phosphate und Sulfate abbauen. Dieser Abbauprozeß von organischem Material in anorganische Substanz wird als Mineralisation bezeichnet. Das von der Pflanze bei der Photosynthese gebundene Kohlendioxyd sowie die dabei in organischer Materie gebundene Energie wird also im Stoffkreislauf von den Konsumenten und Destruenten stufenweise wieder freigesetzt und am Ende stehen erneut die Nährsalze den Pflanzen zum Neuaufbau zur Verfügung. Während bei der Photosynthese Kohlendioxyd verbraucht und Sauerstoff abgegeben wird, verbrauchen umgekehrt die Konsumenten und Destruenten Sauerstoff und bilden dabei das für die Pflanzen lebensnotwendige Kohlendioxyd.

Unser Gartenteich steht dann in einem biologischen Gleichgewicht, wenn Produzenten, Konsumenten und Destruenten so aufeinander eingespielt sind, daß keine dieser Gruppen ein Übergewicht erlangt. Dies ist der Fall, wenn durch eine sinnvolle Teichanlage einer Vielzahl von Organismen günstige Lebensbedingungen geboten werden. Die reichhaltige Lebewelt in einem vielgestaltigen Gartenteich ist in der Lage, im Teich anfallendes oder geringe Mengen von außen eingetragenes organisches Material (z. B. Fallaub) abzubauen und nach der Mineralisation wieder in den Stoffkreislauf zurückzuführen. Dieser Prozeß wird als »Selbstreinigung« eines Gewässers bezeichnet. Ein Teich befindet sich dann in einem stabilen ökologischen Gleichgewicht, wenn er zur Selbstreinigung fähig ist.

Dieses ökologische Gleichgewicht kann vor allem durch Überdüngung gestört werden, wobei durch das Überangebot an pflanzlichen Nährstoffen ein übermäßiges Pflanzenwachstum ausgelöst wird. Diese Störung des Stoffkreislaufes wird als »Eutrophierung« bezeichnet. In einem intakten Gartenteich liegt Phosphat (seltener Stickstoff) im Minimum vor und ist damit der begrenzende Faktor für das pflanzliche Wachstum, da immer der im Mindestmaß vorhandene Nährstoff das Maß pflanzlichen Wachstums bestimmt. Kommt es zur Anreicherung von Phosphat im Gartenteich, z. B. durch Ausschwemmung von Phosphaten aus intensiv genutzten und überdüngten Gartenbereichen oder durch einen erhöhten Eintrag von organischem Material, z. B. von Fallaub, so setzt ein ungezügeltes pflanzliches Wachstum im Teich ein. Die Wachstumsexplosion und der Verfall des Gewässers im Zuge der Eutrophierung hält so lange an, bis die Pflanzen – es sind vor allem Blau-, Kiesel- und Grünalgen – einen der Nährstoffe mehr oder weniger ganz aufgebraucht haben, so daß es zu einem Massenabsterben von Pflanzen kommt. Die abgestorbenen Pflanzen sinken ab. Am Gewässergrund zersetzen die Bakterien und Pilze (Destruenten) zunächst unter Ausnutzung des Sauerstoffangebotes das tote pflanzliche Material. Schon bald kommt es jedoch am Gewässergrund wegen des Übermaßes an organischer Substanz zum Sauerstoffschwund und am Ende des Eutrophierungsprozesses zur völligen Sauerstofflosigkeit und zur Faulschlammbildung. In diesem Stadium spricht man auch von dem »Umkippen« des Gewässers. Im Schlamm reichert sich mit der Zeit nun das Phosphat immer mehr an, so daß der Schlamm als Phosphatspeicher wie eine Hypothek am Gewässergrund lastet und die Gefahr des Umkippens ständig gegeben ist.

Das Fäulnismilieu bewirkt wegen seiner Lebensfeindlichkeit ein Absterben vieler im Gartenteich gern gesehener Organismen, wie z. B. seltene einheimische Fische, Amphibien oder Wasserkäfer. Dagegen finden Mückenlarven wie z. B. die Larven der Hausmükken *(Culex pipiens)* günstige Entwicklungsbedingungen. Es gilt daher bei der Anlage und Pflege des Gartenteichs diese Phänomene zu berücksichtigen.

Die Anlage des Gartenteichs

Bei der Neuanlage des Gartenteichs muß das Bestreben im Vordergrund stehen, eine naturnahe Anlage zu schaffen, die durch ihre Vielgestaltigkeit möglichst vielen Organismen geeignete Lebensbedingungen bietet, wodurch schnell ein ökologisch ausgewogenes und stabiles Ökosystem entstehen kann.

Meist besitzen die einzelnen Lebewesen für sie arteigene Lebensansprüche, z. B. bezüglich der Sonneneinstrahlung, Temperatur sowie der Wasserqualität oder der Nahrungsquellen. Daher findet man eine Tier- bzw. Pflanzenart oft nur an ganz bestimmten Stellen, die diese Lebensbedingungen erfüllen. In der Ökologie bezeichnet man den engeren Lebensraum, den eine Art bevorzugt besiedelt als Habitat. Das Habitat ist somit ein bestimmter Ort, an dem die betreffende Art vorkommt. Es kann gewissermaßen als »Adresse« einer Organismen-Art bezeichnet werden. Ein Lebensraum oder Biotop beinhaltet in der Regel viele unterschiedliche Habitate für eine Vielzahl an Lebewesen. So siedelt sich z. B. Schilf am seichten Rand und die Seerose mehr in den tieferen Zonen der Gewässer an. Beide Organismen gehören also zu dem Biotop »Feuchtgebiet« und besiedeln dort unterschiedliche Habitate.

Will man aber die Biologie und die Ökologie eines Lebewesens ganz erfassen, so muß neben dem speziellen Lebensraum (dem Habitat) auch die Funktion dieser Art in der Lebensgemeinschaft, also die funktionelle Wechselbeziehung dieser Art zu den anderen Organismen betrachtet werden. Der Begriff der »ökologischen Nische« gibt mehr oder weniger die Rolle an, die eine Art im ökologischen Wirkungsgefüge einnimmt. Während z. B. tiefe, ausdauernde Gewässer meist von Fischen besiedelt werden, und diese dort als Freßfeinde die Mückenlarven vernichten, können in halbausdauernden Gewässern, die einmal im Jahr austrocknen, Fische nicht überleben. Dort nehmen u. a. die

Molche die »ökologische Nische« der Mückenfreßfeinde ein. Der Begriff »ökologische Nische« gibt also gewissermaßen den »Beruf« der einzelnen Art an. Kennen wir die Habitatansprüche und die »ökologische Nische« einer Art, so ist es einfach, diese in unserem Gartenbereich anzusiedeln. Nach dem Erkennen dieser ökologischen Zusammenhänge muß die Anlage unseres Gartenteiches derart erfolgen, daß er eine hohe Strukturvielfalt und damit eine Reihe von verschiedenen Habitaten aufweist, so daß die Lebensansprüche von vielen unterschiedlichen Tieren und Pflanzen befriedigt werden. In unserem Gartenteich werden sich sowohl Pflanzenfresser als auch deren Freßfeinde ansiedeln können und durch die Strukturvielfalt des Teiches wird beiden genügend Unterschlupfmöglichkeiten und somit Schutz geboten. Diese Vielgestaltigkeit läßt sich am einfachsten durch Gewässerabschnitte mit unterschiedlicher Wassertiefe, durch eine gewundene, vielgestaltige Uferführung sowie durch die Lage bzw. Einbindung des Teiches in seine Umgebung erreichen. Um alle diese Ansprüche erfüllen zu können, sollte unser Gartenteich deshalb eine Mindestgröße von etwa 6 m^2 aufweisen. In Abhängigkeit des zur Verfügung stehenden Platzes gilt jedoch die Regel, je größer der Teich, desto leichter ist ein ökologisch ausgewogenes Gewässer herzustellen, weil bei einem gut geplanten Gartenteich die Vielfalt mit der Größe der Anlage zunimmt.

Zunächst gilt es aber die Lage des Teiches im Garten zu bestimmen. Der Gartenteich sollte an einer besonnten Stelle angelegt werden, wenn auch Teile der Teichanlage etwas beschattet sein sollten. Dadurch werden unterschiedliche Bestrahlungs- bzw. Lebensverhältnisse für unterschiedlich lichtempfindliche Organismen geschaffen. Der Gartenteich darf jedoch nicht im unmittelbaren Kronenbereich von Bäumen oder größeren Sträuchern liegen, da deren Fallaubeintrag eine organische Belastung, d. h. eine Eutrophierung des Gewässers mit sich bringt. Ebenso muß wegen der Gefahr einer Überdüngung das Einschwemmen von Düngemitteln aus intensiv genutzten Gartenbereichen oder von nährstoffhaltigem Mutterboden verhindert werden. Daher sollte der naturnahe Gartenteich in einem weniger genutzten Bereich des Gartens angelegt werden, so daß das naturbelassene Umfeld eine ökologische Pufferzone gegen Einschwemmungen darstellt und mit dem Gartenteich eine ökologische Einheit bildet.

Um den Teich nahtlos in den umliegenden Lebensraum einzugliedern, empfiehlt es sich, das bei der Anlage anfallende Aushubmaterial in der Nähe des Teiches als Hügel anzuschütten. Der Hügel sollte an der Nordseite des Teiches angelegt werden und zur besseren Eingliederung in das umliegende Gelände teilweise mit einheimischen Sträuchern bepflanzt werden, ohne daß diese das Gewässer beschatten. Die Sträucher sollten mehr am Fuße und im Hangbereich als auf dem Hügel gepflanzt werden, um nicht eine unnatürliche Überhöhung des Geländes zu erhalten. Werden Teile des Hügelgeländes sowie das Umfeld des Teiches als wildwachsende Wiese gestaltet, so entstehen neben dem Feuchtgebiet reizvolle Trockenbiotope, die wegen ihrer pflanzlichen Mannigfaltigkeit vielen

Kleinlebewesen, insbesondere den Insekten, wie Schmetterlingen, Bienen und Käfern, Nahrung, Verstecke und Fortpflanzungsmöglichkeiten bieten und so den naturnahen Bereich des Gartens harmonisch abrunden. Im Bereich des Ufers sollten noch zusätzliche Strukturelemente, wie z. B. ein Steinhaufen und alte Baumstümpfe, angelegt werden, die nicht nur zur gestalterischen Wirkung des Teiches beitragen, sondern auch den Tieren, z. B. den Lurchen (Amphibien), Unterschlupfmöglichkeiten bei der Überwinterung gewähren.

Natürlich beeinflußt auch das weitere Umfeld unseren Gartenteich. Befindet sich unser Teich im Randbereich von Bebauungsflächen oder sogar in der freien Landschaft, so ist dies z. B. für eine schnelle Besiedlung des Teiches sehr günstig. Ist dagegen der Garten-

Schematische Darstellung einer Gartenteichanlage. Oben Querschnitt, unten Aufsicht.
1 = Gehölze, 2 = Sumpfpflanzenzone, 3 = Röhrichtzone, 4 = Flachwasserzone, 5 = Schwimmblatt- und Unterwasserpflanzenzone.

teich im Zentrum eines Bebauungsgebietes von Gebäuden und Straßen umgeben, so wird er auf natürliche Weise nur langsam von flugfähigen Lebewesen besiedelt werden können. Für wandernde Organismen wie z. B. Lurcharten besteht dort sogar die Gefahr des Überfahrenwerdens, so daß kaum mit einer natürlichen Besiedlung zu rechnen ist. In diesem Falle kann aber auch das Einsetzen solcher Tiere nicht empfohlen werden.

Auch die Gestaltung des Gartenteichs sollte darauf abzielen, daß in der Gewässerform und Tiefe eine hohe Strukturvielfalt erreicht wird. Das Ufer des Gewässers soll nicht geradlinig sein. Durch das Anlegen von Buchten unterschiedlicher Größe wird eine gewundene Uferlinie sowie ein Mosaik von Kleinstlebensräumen geschaffen. Oft bietet sich eine Nierenform des Gewässers an.

Um einen möglichst natürlichen Übergang vom Land- zum Wasserleben und um einen reich strukturierten Lebensraum zu erhalten, sollte unser Gewässer eine Sumpfzone mit einer Wassertiefe von 0–20 cm, eine Flachwasserzone von 20–60 cm (diese sollte wegen der Sonneneinstrahlung im Bereich des Nordufers angelegt werden) sowie eine Tiefenwasserzone aufweisen. Die Tiefenwasserzone muß an einer Stelle mindestens etwa 1 m betragen, um auch in strengen Wintern ein gänzliches Zufrieren des Gewässers bis zum Grunde auszuschließen und somit ein Überwintern der Tiere (z. B. von Fischen) im Teich zu ermöglichen. Durch die unterschiedliche Wassertiefe entstehen verschiedene Lebensräume, von denen jeder schon bald seine eigene Lebewelt beherbergen wird.

Es würde den Rahmen dieses Buches sprengen, hier im Detail auf die verschiedenen Bauweisen eines Gartenteiches einzugehen, weshalb bezüglich weiterführender Informationen auf die Fachliteratur verwiesen werden muß (vgl. die Hinweise auf der letzten Seite des Buches).

Bezüglich der Bautechnik gibt es verschiedene Möglichkeiten einen Teich anzulegen. Die in der Praxis gebräuchlichsten sind:

- Teiche mit Grundwasseranschluß,
- Teiche, die mit Hilfe einer 20–30 cm dicken Lehm- und Tonschicht, durch Betonieren oder durch eine Plastikfolie abgedichtet werden,
- im Fachhandel erhältliche Fertigteiche.

Wird bei der Gartenteichanlage das Grundwasser freigelegt, so muß nach dem Wasserhaushaltsgesetz in der Regel ein Planfeststellungsverfahren durchgeführt werden. Es muß also in diesem Falle mit der zuständigen Behörde (Bezirksregierung bzw. Kreisverwaltung) Kontakt aufgenommen werden, die allerdings auch ohne Planfeststellungsverfahren eine Zustimmung erteilen kann, falls keine grundlegenden Bedenken gegen eine Teichanlage zu erwarten sind.

Die Bepflanzung

Die Pflanzen prägen nicht nur ganz wesentlich das Erscheinungsbild unseres Gartenteichs, sondern sind auch für viele Tiere als Nahrungsgrundlage, Aufenthaltsort oder zur Fortpflanzung lebensnotwendig. Ganz wichtig ist es daher, daß nur einheimische Pflanzen in den Gartenteich eingebracht werden. Nur diese können den sich meist von selbst ansiedeln-

den Tieren als Nahrungsgrundlage dienen. Ausländische Pflanzen werden in der Regel nicht als Nahrung angenommen. Zudem muß das Einschleppen von nicht einheimischen Pflanzen und Tieren in ein Ökosystem kritisch beurteilt werden, da die einheimische Lebewelt negativ beeinflußt wird, wenn z. B. einheimische Pflanzen von eingeführten Pflanzen zurückgedrängt bzw. überwuchert werden.
Da viele Pflanzen der Feuchtgebiete bereits vom Aussterben bedroht und deshalb geschützt sind, sollten die Pflanzen für unseren Teich nicht ihren natürlichen Lebensräumen entnommen, sondern vielmehr in Fachgeschäften erworben werden, die in den letzten Jahren in zunehmendem Maße ihr Angebot an Feuchtgebietspflanzen erweitert haben. Sicher ist es auch nicht schwer, von einem anderen Gartenteichbesitzer geeignetes Pflanzenmaterial zu erhalten, das im Zuge der Pflegemaßnahmen am Gartenteich alljährlich anfällt.
Im Gegensatz zu den Landpflanzen, die ihre Nährsalze vor allem mit den Wurzeln aufnehmen, sind Wasserpflanzen in der Lage, sich vorwiegend über die Blattoberfläche mit Nährstoffen zu versorgen. Die Wurzeln der Wasserpflanzen dienen – sofern es sich nicht um schwimmende Pflanzen handelt – vor allem der Verankerung im Wasserkörper. Daher genügt es, wenn man beim Pflanzen die Wurzeln der Wasserpflanzen einige Zentimeter in das Erdreich drückt und sie wegen des Auftriebes mit kleinen Steinen am Boden befestigt. Erhält man die Pflanze als Topfpflanze, so kann man sie mit Pflanzkörben oder den Wurzelballen am Teichgrund verankern.
Pflanzen der Tiefenwasserzone kön-

Gartenteichgrube mit Betonabdichtung und nährstoffarmem Substratgemisch (oben).

Gartenteich kurz nach Fertigstellung und Bepflanzung (oben) und ein Jahr später (unten).

nen bereits vor dem Einlassen des Wassers eingesetzt werden. Günstig ist es jedoch, den Gartenteich einige Wochen vor der eigentlichen Bepflanzung vorsichtig mit Wasser, z. B. Brunnenwasser oder Leitungswasser, zu füllen, damit nicht zu viele Schwebstoffe aufgewirbelt werden und sich der Wasserkörper bis zur Pflanzaktion weitgehend beruhigt hat.
Obwohl man Wasserpflanzen während der gesamten Vegetationsperiode pflanzen kann, ist es am günstigsten, die Pflanzungen im Frühjahr, etwa Anfang Mai, vorzunehmen, weil dann den Pflanzen der gesamte Sommer zur Entwicklung verbleibt und die Gefahr des Verfaulens der frisch eingesetzten Pflanzen während der Wintermonate nicht gegeben ist.
Wichtig ist auch, daß die Pflanzungen nicht zu eng vorgenommen werden, weil Wasserpflanzen im allgemeinen sehr stark wuchern und sich bald gegenseitig den Lebensraum streitig machen würden, so daß umfangreiche Pflegemaßnahmen notwendig wären. Daher empfiehlt es sich, Pflanzen mit ähnlichen Lebensansprüchen in kleinen Gruppen in Abständen von etwa $^1/_2$ m zu pflanzen. Diese Initialpflanzungen reichen aus, und es bleibt genügend Raum, daß sich im Laufe der Zeit eine standortgemäße Pflanzengesellschaft von selbst entwickeln kann. Beim Pflanzen müssen selbstverständlich auch die unterschiedlichen Ansprüche der einzelnen Pflanzen an ihren Lebensraum, die sogenannten Standortbedingungen, besonders hinsichtlich der bevorzugten Wassertiefe, dem Beschattungsgrad und des Bodensubstrats berücksichtigt werden. Bereits bei der Teichanlage wurden entsprechend der bevorzugten Wassertiefe unterschiedliche Zonen für die einzelnen Pflanzengesellschaft angelegt, wie z. B. für die Schwimmblatt- und Unterwasserpflanzen, für die Pflanzen der Flachwasser- und Röhrichtzone, der Sumpf- und Uferzone sowie der trockenen Randzone.
Es soll hier keine umfassende Pflanzenliste erstellt werden, diesbezüglich muß wieder auf die Fachliteratur verwiesen werden, einige Beispiele sollen jedoch die Zusammensetzung der verschiedenen Pflanzengesellschaften verdeutlichen (der botanische Name und die bevorzugte Wassertiefe werden in Klammern angegeben):

- Die Tiefenwasserzone für Schwimmblatt- und Unterwasserpflanzen (Wassertiefe ab 70 cm)
  Weiße Seerose (*Nymphaea alba;* über 100 cm), Gelbe Teichrose (*Nuphar lutea;* über 100 cm), Wassernuß (*Trapa natans;* 50–150 cm), Schwimmendes Laichkraut *(Potamogeton natans;* 50–150 cm), Glänzendes Laichkraut (*Potamogeton lucens;* über 100 cm), Gemeines Hornblatt *(Ceratophyllum demersum).*
- *Schwimmpflanzen (Pflanzen an der Wasseroberfläche)*
  Froschbiß *(Hydrocharis morsus-ranae),* Gemeiner Schwimmfarn *(Salvinia natans),* Kleine Wasserlinse und Teichlinse *(Lemna minor* und *Spirodela polyrhiza;* neigen zur Massenvermehrung).
- Pflanzen der Flachwasserzone (20–60 cm)
  Gemeiner Wasser-Hahnenfuß (*Ranunculus aquatilis;* bis 100 cm), Seekanne (*Nymphoides peltata;* 10– 50 cm), Gemeiner Wasserschlauch (*Utricularia vulgaris;* ab 10 cm), Wasser-Knöterich (*Poly-*

gonum amphibium; bis 100 cm), Sumpf-Wasserstern (*Callitriche palustris;* 10–30 cm), Teichbinse (*Scirpus lacustris;* 20–100 cm).

- Pflanzen der Röhricht- und Sumpfzone (bis ca. 20 cm)
  Schilfrohr (*Phragmites communis;* 5–50 cm), Breitblättriger Rohrkolben (*Typha latifolia;* ab 5 cm), Sumpf-Schwertlilie (*Iris pseudacorus;* 5–20 cm), Pfeilkraut (*Sagittaria sagittifolia;* 5–30 cm), Froschlöffel (*Alisma plantago-aquatica;* 5–20 cm), Schwanenblume (*Butomus umbellatus;* 5–20 cm), Tannenwedel (*Hippuris vulgaris;* 5–20 cm), Sumpf-Vergißmeinnicht (*Myosotis palustris;* 5–10 cm), Ästiger Igelkolben (*Sparganium ramosum;* 5–10 cm), Sumpf-Segge (*Carex acutiformis;* 0–5 cm), Steife Segge (*Carex elata;* 0–5 cm), Schlanke Segge (*Carex gracilis;* 0–5 cm), Flatter-Binse (*Juncus effusus;* ± 0 cm), Graugrüne Binse (*Juncus inflexus;* ± 0 cm), Blut-Weiderich (*Lythrum salicaria;* ± 0 cm).
- Gehölze im Uferbereich
  Silber-Weide *(Salix alba)*, Grau-Weide *(Salix cinerea)*, Gemeiner Schneeball *(Viburnum opulus)*, Pfaffenhütchen *(Euonymus europaeus)*, Roter Hartriegel *(Cornus sanguinea)*.

Die pflanzliche Vielfalt trägt nicht nur zur besonderen Schönheit unseres Gartenteiches bei, sondern auch zur Erhöhung der Wasserqualität und der Strukturvielfalt. Unterwasserpflanzen wie das Tausendblatt und verschiedene Laichkrautarten schränken unerwünschtes Algenwachstum ein. Die Röhrichtpflanzen wie Schilf und Seggen bieten nicht nur ideale Unterschlupfmöglichkeiten für Tiere, sondern dienen auch der Belüftung des Teiches, indem sie Sauerstoff in den Wurzelbereich transportieren.
Durch die unterschiedlichen Wuchsformen, z. B. die horizontale Anordnung der Schwimmblätter der Seerose oder die vertikale Anordnung von Röhricht, wird die Struktur des Teiches und auch die Lebensbedingungen für viele Tiere verbessert. So ziehen z. B. Grünfrösche beim Laichen horizontale Strukturen vor, während die Erdkröte vertikale bevorzugt. Solche Beobachtungen sowie die beim Pflanzen erworbenen Kenntnisse über die bevorzugten Standortbedingungen der verschiedenen Pflanzen gewähren dem Gartenteichbesitzer einen tiefen Einblick in die vernetzten Wechselbeziehungen eines Ökosystems und prägen sein Verhalten zur natürlichen Umwelt.

Die Besiedlung durch Tiere

Während der Gartenteichbesitzer den Bewuchs des Teiches durch Initialpflanzungen beschleunigen und gezielt steuern muß, erscheinen die meisten Tiere von selbst im Gartenteich, wenn ihnen durch die Anlage und den Bewuchs sowie das Umfeld genügend Lebensmöglichkeiten geboten werden. Die Besiedlung durch Tiere kann auf verschiedene Weise erfolgen:

- Bereits beim Einsetzen der Pflanzen können die ersten Organismen wie Bakterien, Algen, Urtierchen, Schwämme, Nessel- und Moostierchen, Würmer oder Schnecken in den Teich eingebracht werden. Auch Wasservögel können in ihrem Gefieder Wassertiere oder deren Entwicklungsstadien in den Teich einschleppen.

- Gänzlich ohne unser Zutun finden sich die flugfähigen Insekten im Teich ein, insbesondere die Wasserkäfer wie der Gelbrandkäfer und Kugelschwimmer, die Wasserwanzen wie Wasserläufer, Teichläufer, Ruderwanzen, Stabwanzen und Rückenschwimmer, die Libellen wie Große Pechlibelle, Mosaikjungfer oder Heidelibelle sowie die Eintagsfliegen. Bei ihren Wanderungen in der Nacht orientieren sich häufig die Wasserinsekten an der spiegelnden Wasseroberfläche, die ihnen anzeigt, daß es sich um ein Gewässer handelt.
- Liegt der Gartenteich nicht in dichtem Bebauungsgebiet und befinden sich in der Umgebung noch natürliche Lebensräume, so können auch wanderfähige Tiere wie Amphibien oder Reptilien in unseren Gartenteich gelangen.

Größere eingewanderte Tiere werden sich aber nur dann in unserem Gartenteich ansiedeln, wenn ihnen neben den Pflanzen geeignete tierische Nahrung – dies sind häufig Einzeller oder Kleinkrebse – geboten wird. Bereits wenige Fangzüge mit einem feinen Gazenetz in einem älteren Naturteich genügen, um in einem Eimer Wasser ein Konzentrat der natürlichen Kleinlebewelt zu erhalten, mit der unser frisch angelegter Gartenteich »angeimpft« und so das Wachstum der Kleinorganismen gefördert werden kann. Je nach den Lebensbedingungen in unserem Gartenteich werden sich die eingesetzten Organismen unterschiedlich entfalten. Diejenigen, die sehr gute Entwicklungsbedingungen vorfinden, werden zunächst zur Massenvermehrung neigen, während andere wegen ungünstiger Lebensbedingungen zugrunde gehen. Schon bald wird sich aber im Wechselspiel der ökologischen Kräfte, z. B. zwischen Beutetieren und Räuber, ein ökologisches Gleichgewicht im Teich einstellen, so daß wir uns schon bald an der Vielfalt unseres Teiches erfreuen können. Ganz nebenbei tragen die Kleinkrebse, insbesondere die Wasserflöhe, noch zur Reinhaltung des Wasserkörpers bei, indem sie Schwebstoffe aus dem Wasser herausfiltrieren.

Dieses ökologische Gleichgewicht kann empfindlich durch das ungezielte Einsetzen von Fischen, z. B. von Goldfischen, gestört werden, da viele Fische zu den gefährlichsten Freßfeinden von Wasserinsekten, Krebsen und vor allem der Frösche, Kröten, Unken und Molche sowie deren Eier und Quappen gehören. Durch das Einsetzen ungeeigneter Fische kann nicht nur die vielfältige Lebewelt in unserem Gartenteich zerstört werden, sondern die Exkremente eines übermäßigen Fischbesatzes können Überdüngungsprobleme mit sich bringen. Trotzdem braucht man nicht unbedingt auf Fische zu verzichten. Man kann z. B. den Fischen den Zugang zu seichten Arealen des Tümpels durch bauliche oder Pflanzmaßnahmen verwehren, wo sich dann Wasserinsekten und Amphibien tummeln können. Besser ist es aber, wenn man kleinere einheimische Fische wie z. B. das Moderlieschen *(Leucaspius delineatus)* einsetzt. Die kleineren Fischarten sind zumeist auch in ihrem Vorkommen bedroht, da sie nicht zu den Nutzfischen gehören und daher nicht regelmäßig ausgesetzt werden. Diese Arten vertilgen jedoch in der Regel keine Amphibien und größeren Was-

Ein Gartenteich bildet bei ausgewogener Bepflanzung mit einheimischen Pflanzen das Kernstück eines jeden Naturgartens.

serinsekten wie Libellenlarven oder Wasserkäfer und sind zudem gefährliche Freßfeinde der unliebsamen Larven und Puppen der Stechmücken *(Culex pipiens)*, weil sie auch in seichte Bereiche unserer Teichanlage vordringen können. Übrigens, in einem ökologisch ausgewogenen Gartenteich, in dem eine Vielzahl von Freßfeinden wie Wasserkäfer, Wasserwanzen, Libellenlarven oder Molche vorkommen, können sich Stechmükken in der Regel nicht entwickeln. Sie finden aber in Regenfässern und anderen Klein- und Kleinstgewässern ohne Freßfeinde ideale Entwicklungsbedingungen.

Will man die Besiedlung durch Amphibien mittels Ansiedlung im Gartenteich fördern, so gilt es zu bedenken, daß die meisten in ihrem Vorkommen bedroht sind und daß alle Arten unter Naturschutz stehen. Daher dürfen sie nicht ihren natürlichen Lebensräumen entnommen werden. Weiterhin findet man bis auf wenige Ausnahmen Lurche nur während ihrer Fortpflanzungsperiode in den Gewässern, während sie die meiste Zeit des Jahres an Land verbringen. Besonders geeignet wegen ihrer relativen Ortstreue sind der grüne Wasserfrosch *(Rana esculenta)* und der Teichmolch *(Triturus vulgaris)*. Sicher findet sich ein anderer Gartenteichbesitzer, aus dessen Gewässer sich Larven der gewünschten Amphibien entnehmen lassen. Grundsätzlich sollten keine erwachsenen Lurche, sondern deren Larven in den Teich eingesetzt werden, damit sie sich an ihren Lebensraum anpassen können.

Die Teichpflege

Ein ökologisch ausgewogener Gartenteich braucht in der Regel nur wenig Pflege. Am ehesten ist es erforderlich, einer schnellen Verlandung durch allzu üppiges Pflanzenwachstum entgegenzuwirken. Stark wuchernde Pflanzen, wie z. B. Schilf, sowie abgestorbene Pflanzenteile und in den Teich eingetragenes Fallaub sollten behutsam entfernt werden. Durch die Entnahme von pflanzlichem Material, z. B. von sich explosionsartig entwikkelnden Wasserlinsen und Fadenalgen, wird verhindert, daß abgestorbenes pflanzliches Substrat auf den Gewässerboden sinkt und es dort bei dem Abbau durch Mikroorganismen zur Aufzehrung des Sauerstoffs und zur Faulschlammbildung kommt. Zusätzlich werden durch die Pflanzenentnahme dem Teich auch im Übermaß vorhandene Nährstoffe entzogen, wie z. B. Phosphate, die in den Pflanzen gebunden sind. Nach der Entnahme sollte man die Pflanzen zunächst noch ein paar Tage am Gewässerrand liegen lassen, damit versehentlich entnommene Wassertiere in den Teich zurückwandern können.
Die auf das Notwendigste zu beschränkenden Pflegemaßnahmen sollten im Herbst vorgenommen werden, um das Wasserleben während der Sommermonate möglichst wenig zu stören.
Kommt es zu einer Faulschlammbildung im Teich, so muß dieser lebensfeindliche Schlamm entfernt werden. Dies sollte nicht auf einmal geschehen, sondern Teilbereiche sollten in zeitlichen Abständen gereinigt werden, so daß nicht alle im Schlamm lebenden Tiere entnommen werden und die zurückgebliebenen den gereinigten Lebensraum wieder besiedeln können. Um eine Überdüngung des Teiches durch tierische Exkremente zu vermeiden, dürfen nicht zu viele Fische den Teich besiedeln, weshalb der Fischbesatz gegebenenfalls reguliert werden muß. Auf keinen Fall darf jedoch eine Fütterung der Fische vorgenommen werden, da dies zusätzlich die Überdüngung des Teiches fördern würde.
Gefriert der Teich im Winter zu, so muß unnötiges Betreten der Eisfläche vermieden werden, um die am Gewässergrund überwinternden Tiere nicht in der Winterruhe zu stören. Besitzt der Teich ausgeprägte Röhrichtbestände aus Schilf, Binsen und Seggen, so wird in aller Regel genügend Sauerstoff unter die Eisschicht gelangen. Ist dies nicht der Fall, so kann man gröbere Strohbüschel ins Wasser bzw. in die Eisschicht einsetzen. Dabei sollte die Eisschicht nicht gewaltsam aufgehackt, sondern vorsichtig an einer Stelle mit heißem Wasser aufgetaut werden.
Probleme können gelegentlich Pflanzenschädlinge im Gartenteich bereiten. Hier ist zunächst der Seerosenkäfer zu nennen, der seine Eier auf Wasserpflanzen, vorzugsweise auf Seerosenblätter, ablegt und dessen Larven die Blätter verzehren. Ähnliches trifft auf den Seerosenzünsler zu. Dies ist ein kleiner Schmetterling, der seine Eier ebenfalls auf Schwimm-

blattpflanzen – bevorzugt Seerosen – ablegt, und dessen Larven Teile aus den Blättern herausschneiden und sich aus den Blatteilen ein Gehäuse bauen. Auch Blattläuse können Wasserpflanzen befallen. Bei der Bekämpfung der Pflanzenschädlinge ist auf jeden Fall der Einsatz von unspezifisch wirkenden Giften zu vermeiden, da sie das ökologische Gleichgewicht im Teich bzw. Garten zerstören, indem sie z. B. auch viele Nützlinge, wie etwa Marienkäfer, Florfliegen und Schwebfliegen treffen. In unserem Gartenteich können wir es uns erlauben, auf Gifte zu verzichten und die Schädlinge durch Absammeln gezielt zu beseitigen.

Das Beobachten und Fangen von Tieren

Schon bald nach Fertigstellung werden sich die ersten Tiere im Teich einfinden und die Neugierde des Gartenteichbesitzers wecken, mehr über die Lebensweise der Wasserbewohner zu erfahren. Um das Leben im Gartenteich nicht übermäßig zu stören, sollte man nicht wahllos im Teich herumfischen, sondern einzelne Tiere gezielt und möglichst vorsichtig mit einem kleinen Netz absammeln. Will man Tiere im freien Wasserkörper wie z. B. Kleinkrebse fangen, so empfiehlt es sich, das Netz schleifenförmig durch das Wasser zu ziehen – ähnlich einer querliegenden Acht. Planktonnetze aus feiner Gaze (Müllergaze) können im Zoofachhandel gekauft werden.
Zum Beobachten gibt man die gefangenen Tiere in ein Glasgefäß oder in eine helle Plastikschale, die vorher mit Tümpelwasser gefüllt wird. Es wird üblicherweise ohne optische Hilfsmittel möglich sein, die Tiere durch Vergleich mit den Abbildungen des Buches und/oder durch die Textbeschreibungen zu bestimmen oder zumindest ihre Gruppenzugehörigkeit zu erkennen. In Einzelfällen, z. B. beim Beobachten der Kleinkrebse in einem kleinen Glasgefäß, kann eine 10fache Lupe nützlich sein. Die Tiere sollten zum Bestimmen nicht abgetötet, sondern anschließend wieder in den Teich eingesetzt werden.
Ergiebig ist meist auch das Absammeln von im Wasser liegenden Steinen, Ästen oder abgestorbenen Pflanzenteilen, an denen häufig Schnekken, Plattwürmer, Wasserasseln und sogar vereinzelt Wasserkäfer sitzen. Empfindliche Tiere können vorsichtig mit einem kleinen angefeuchteten Pinsel in die wassergefüllte Plastikschale abgestreift werden. Werden, z. B. beim Reinigen des Tümpels, ganze Pflanzenbüschel entfernt und diese in eine Plastikschale eingetaucht, so lösen sich häufig erstaunlich viele Tiere aus dem Pflanzengewirr.
Am besten erforscht man jedoch die Lebewelt des Gartenteichs, wenn man sich still an das Ufer setzt und in Muße die Tiere im und am Rande des Teiches beobachtet. Dabei findet man nicht nur die notwendige Entspannung, sondern man gewinnt auch das Feingefühl für die Lebensweise, z. B. die Art der Fortbewegung oder das Paarungsverhalten der Tiere im natürlichen Lebensraum. Dies ist wiederum die Grundlage, um ökologische Zusammenhänge näher zu verstehen. Notiert man regelmäßig seine Beobachtungen, z. B. in einem Tagebuch, so kann man die stetige Entwicklung des Teiches zu einem ausgewogenen Lebensraum nachverfolgen.

Süßwasserschwamm *Spongilla lacustris*

Die Schwämme (Porifera) sind sehr einfach gebaute Tiere, von denen die meisten Arten im Meer leben (z.B. Badeschwamm); nur etwa 6 Arten sind bei uns im Süßwasser heimisch. Die Form der nur wenige Zentimeter großen Süßwasserschwämme ist sehr variabel: Meist sind sie krustig oder klumpig, selten geweihartig verzweigt. Ihre Farbe ist meist grünoliv (Foto oben), seltener bräunlich. Man findet sie im Wasser unter Steinen verborgen oder an Pflanzenstengeln. Der Körperbau ist auf das Durchfiltrieren großer Wassermengen zur Gewinnung der Nahrung und zur Atmung abgestimmt. Ein Netz von Kanälchen verbindet Tausende winziger Kammern im Schwamminnern mit dem umgebenden Wasser. Diese Kammern sind mit sogenannten Kragengeißelzellen ausgekleidet, die sowohl den Wasserstrom erzeugen als auch die Nahrungspartikel aufnehmen. Gestützt wird der Körper durch winzige Nadeln aus Kieselsäure (bei Meeresschwämmen auch Kalknadeln), die durch ein horniges Sponginskelett verbunden sind. Bevor die Süßwasserschwämme im Herbst absterben, bilden sie Dauerkeime (Gemmulae), die den Winter überstehen und im Frühjahr zu einem neuen Schwamm auskeimen. Die abgebildete Art *Spongilla lacustris* ist in stehenden Gewässern verbreitet und häufig.

Moostierchen *Cristatella mucedo*

Moostierchen (Bryozoa) des Süßwassers (die meisten Arten leben im Meer) kommen in stehenden oder langsam fließenden Gewässern vor. Sie bilden krusten- oder klumpenförmige Kolonien auf Stengeln, Blättern oder Steinen. Diese bestehen aus sehr vielen Einzeltieren (Foto unten rechts), von denen jedes aus einem winzigen Gehäuse einen hufeisenförmigen Kranz von bewimperten Tentakeln vorstrecken und bei Störung blitzschnell wieder zurückziehen kann. Diese vorgestreckten Tentakel geben der Kolonie ein »moosartiges« Aussehen und dienen zum Herbeistrudeln des Planktons, das als Nahrung dient. Bei der Fortpflanzung überwiegt die Knospung, die neue Einzeltiere liefert und so die Kolonie vergrößert. Im Herbst sterben die Kolonien ab. Vorher bilden sie aber Überwinterungskeime (Statoblasten), die Frost und Austrocknung überstehen können. Dies sind dunkelbraune, runde oder ovale Gebilde von etwa 0,5 mm Größe. Sie schwimmen mittels Luftkammern an der Wasseroberfläche und können im Gefieder von Wasservögeln leicht verschleppt werden. Im Frühjahr entstehen aus ihnen neue Kolonien. Die Kolonien von *Cristatella mucedo* (Foto unten links) sind bandförmig (etwa 6 mm breit und bis 15 cm lang) und bräunlich gefärbt. Ihre flache Unterseite ist als Kriechsohle ausgebildet: Besonders junge Kolonien können sich sehr langsam (wenige mm pro Stunde) bewegen. Die Statoblasten sind bei dieser Art rund und haben randständige Haken, die eine Verschleppung zusätzlich erleichtern.

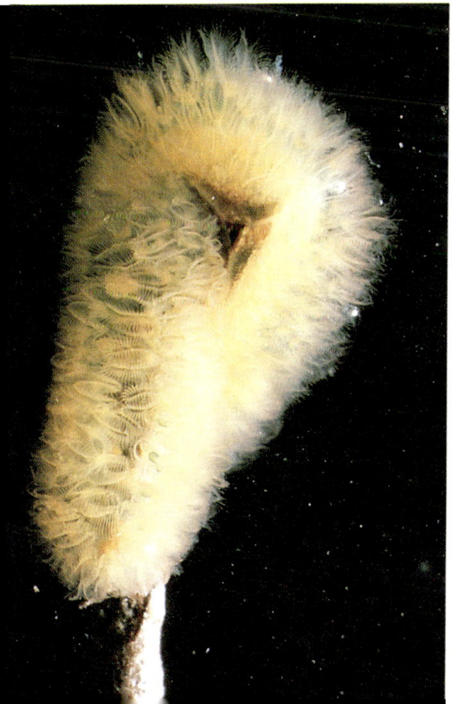
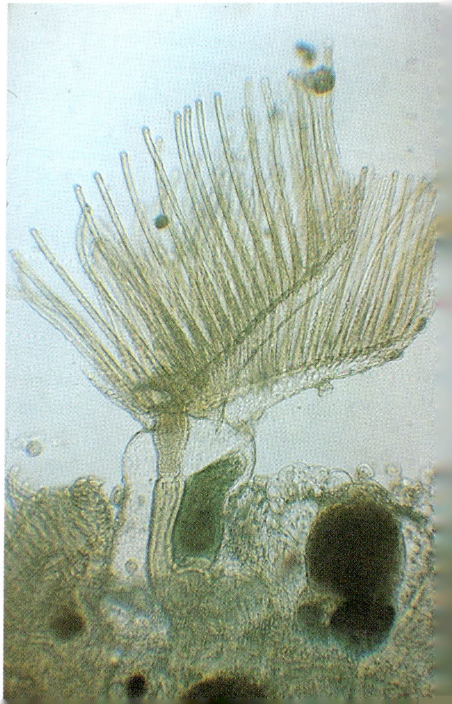

Süßwasserpolyp *Hydra* bzw. *Pelmatohydra*

Die meisten Nesseltierte (Cnidaria) leben im Meer (z. B. Quallen oder Korallen). Von den wenigen Arten des Süßwassers sind im Gartenteich nur die Süßwasserpolypen zu erwarten – und auch diese findet man nicht leicht, weil sie ohne Tentakel nur 0,5–1 cm lang sind. Sie bestehen aus einem zweischichtigen Schlauch, dessen geschlossenes Ende an Pflanzen oder anderen Gegenständen festgeklebt ist. Am anderen Ende liegt der von 4–7 Tentakeln umgebene Mund – ein After fehlt! Bemerkenswert ist die Fähigkeit zur Formveränderung: Ein hungriger Polyp ist sehr dünn und kann seine Tentakel mehrere cm weit ausstrecken (Foto oben); bei Störung zieht er sich zu einem winzigen Klümpchen zusammen. Die Vermehrung erfolgt vorwiegend ungeschlechtlich. Dabei stülpt sich aus der Körperwand eine Knospe aus, die schließlich Tentakel und einen Mund ausbildet, sich dann vom Muttertier löst und festsetzt (Foto oben). Geschlechtliche Fortpflanzung mittels Samen- und Eizellen ist seltener. Die Geschlechtsprodukte werden in beulenartigen Vorsprüngen der Körperwand (rechter Polyp auf dem Foto unten links) gebildet. Aus der befruchteten Eizelle entsteht direkt ein neuer Polyp. Eine Medusengeneration, die bei vielen anderen Nesseltieren vorkommt, fehlt den Süßwasserpolypen.
Süßwasserpolypen fressen kleine Wassertiere (z. B. Wasserflöhe). Zum Fang der Beute besitzen sie winzige, aber tödliche Waffen, die sogenannten Nesselkapseln (Cniden), die der Gruppe ihren Namen gegeben haben und die besonders zahlreich auf den Tentakeln sitzen. Die Cniden gehören zu den kompliziertesten Gebilden im Tierreich. Sie bestehen aus einer mit einem Deckel verschlossenen Kapsel, in die der Nesselfaden, ein dornenbewehrter Schlauch, eingestülpt ist. Eine winzige Sinnesborste, die aus dem Tentakel herausragt, dient als »Abzug« für diese Waffe. Sobald ein Beutetier einen Tentakel und damit viele Sinnesborsten berührt, stülpen sich die Nesselfäden explosionsartig aus. Die Dornen durchschlagen dabei die Körperwand der Beute, wobei durch den hohlen Nesselfaden ein Gift injiziert wird. Die gelähmte bzw. getötete Beute wird von den Tentakeln zum Mund geführt (Foto unten links) und verschlungen. Wenn mehrere Beutetiere hintereinander gefressen werden, schwillt der Polyp zu einem unförmigen Sack an (Foto unten rechts). Die unverdaulichen Reste werden durch den Mund ausgestoßen. Für den Menschen sind die Nesselfäden der Süßwasserpolypen übrigens völlig ungefährlich, weil sie dessen Haut nicht durchstoßen können. Neben den beschriebenen Durchschlagskapseln gibt es weiter Cniden-Typen, die zum Festhalten der Beute (Wickelkapseln) oder zur Fortbewegung des Polypen (Klebekapseln) dienen. Bemerkenswert ist die extreme Regenerationsfähigkeit der Süßwasserpolypen: Selbst aus einem winzigen Teil ihres Körpers kann wieder ein kompletter Polyp heranwachsen.

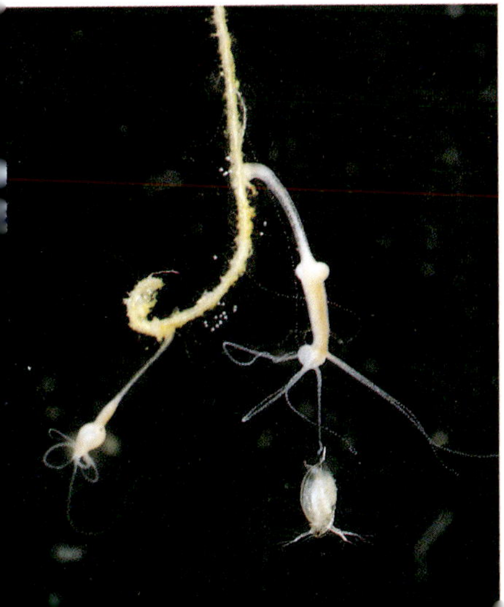

Milchweiße Planarie *Dendrocoelum lacteum*

Planarien gehören zu den Plattwürmern und unter diesen zu den Strudelwürmern (Turbellaria). Beide Namen weisen auf charakteristische Merkmale hin: die abgeplattete, flache Körperform und die vollständig oder wenigstens teilweise ausgebildete Bewimperung der Körperoberfläche. Die Planarien sind meist lichtscheu und finden sich daher vorzugsweise unter Steinen oder Falllaub im Wasser. Mit Hilfe ihrer muskulösen Kriechsohle können sie sich (ähnlich wie Schnecken) langsam gleitend bewegen. Am Vorderende liegen zwei einfach gebaute Augen, die nur ein Hell-Dunkel-Sehen und ein Richtungssehen ermöglichen. Planarien ernähren sich von lebenden und toten Kleintieren (Würmern, Insektenlarven u.ä.). Die Beute wird durch Sinnesgruben, die sich seitlich am Kopf befinden, aufgespürt. Etwa in der Mitte der Bauchseite liegt eine Öffnung, durch die der rüsselartige Schlund ausgestülpt werden kann. Aus ihm werden Verdauungssekrete abgegeben, mit ihm wird die vorverdaute Beute in den Darm eingesogen. Der Darm endet blind, ein After fehlt. Deshalb werden unverdauliche Nahrungsreste durch den Mund abgegeben. Turbellarien sind Zwitter, d.h., jedes Tier bildet sowohl männliche als auch weibliche Geschlechtsorgane. Die Begattung erfolgt wechselweise, jedes Tier fungiert sowohl als Männchen als auch als Weibchen. Mehrere Eier werden zusammen mit vielen Nährzellen in einen kugeligen Kokon eingeschlossen, der meist mit einem kurzen Stielchen auf festen Gegenständen angeklebt wird. Aus ihm schlüpfen nach wenigen Wochen fertig ausgebildete kleine Planarien. Die Milchweiße Planarie wird etwa 2,5 cm lang und 0,5 cm breit. Ihr Kopfende ist abgestutzt, die beiden Augen liegen nahe dem Vorderrand. Weil die Tiere fast farblos sind, schimmert der Darm weiß durch die Körperwand. Bei frischgefütterten Tieren ist der Darm rotbraun oder grau gefärbt; man erkennt dann deutlich drei Darmschenkel: einer ist nach vorn, zwei sind nach hinten gerichtet. Die Art ist weit verbreitet und kommt häufig in stehenden oder langsam fließenden, pflanzenreichen Gewässern vor. Im Gartenteich ferner zu erwarten ist die aus Amerika eingeschleppte Amerikanische Winkelkopfplanarie *(Dugesia tigrina),* die an ihrem spitzwinklig geformten Kopf und an ihrer dunkelbraunen Fleckung oder Streifung leicht zu erkennen ist.

Mesostoma ehrenbergi

Dieser völlig durchsichtige Strudelwurm hat eine blattförmige Gestalt und findet sich in pflanzenreichen Gewässern. Seine Länge kann 1,5 cm erreichen. An dieser Art kann man mit einer Lupe sehr gut die inneren Organe erkennen. In der Körpermitte liegt der stabförmige Darm, seitlich davon die Geschlechtsorgane; besonders die dunkelbraunen Eier sind deutlich zu sehen. Nahe dem Vorderende (im Foto links unten) sind das Gehirn und die Augen zu erkennen. In der Körpermitte sieht man als rundes Gebilde den muskulösen Schlund.

Große Schlammschnecke *Lymnaea stagnalis*

Die Schnecken gehören gemeinsam mit den Muscheln, den Tintenfischen und einigen kleineren Gruppen zum Stamm der Weichtiere. Kennzeichen der Weichtiere sind ihre Körpergliederung in Kopf, Eingeweidesack, der die inneren Organe umhüllt, und Fuß. Viele Schnecken und fast alle Muscheln besitzen eine Schale, in die sie sich zum Schutz zurückziehen können und anhand derer man die meisten Arten recht gut unterscheiden kann.
Die Große Schlammschnecke, auch Spitzschlammschnecke genannt, ist unsere größte Süßwasserschnecke. Alte Tiere können ein Gehäuse von 60 mm Höhe besitzen, damit übertreffen sie auch unsere größte Landschnecke, die Weinbergschnecke, an Größe. Das Gewinde ist etwa so hoch wie die Mündung und stets in eine deutlich ausgeprägte, lange Spitze ausgezogen. Der letzte Umgang mit der Mündung ist stark erweitert und wirkt wie aufgeblasen. Das Tier selbst weist eine gelbliche bis dunkelgraue Färbung auf und besitzt wie alle Schlammschnecken breite, dreieckige Fühler.
Die Große Schlammschnecke besiedelt gern pflanzenreiche Weiher und Tümpel, in Fließgewässern findet man sie nur in stilleren Seitenbuchten. Da sie keine allzu hohen Ansprüche an ihren Lebensraum stellt, können sich die Tiere auch gut in Gartenteichen halten und fortpflanzen. Sie leben überwiegend von abgestorbenen und lebenden Pflanzenteilen, schaben mit ihrer Raspelzunge den Algenbewuchs von im Wasser liegenden Gegenständen ab, gehen aber auch an tote Wassertiere. Erstaunen mag es zunächst, wenn man diese doch recht großen Tiere unter der Wasseroberfläche »hängen« sieht. Es ist ihnen möglich, an der Wasseroberfläche entlangzugleiten, wobei sie die stets als feine »Haut« (Kahmhaut) an der Wasseroberfläche befindlichen Mikroorganismen abweiden. Ihre Freßtätigkeit kann man dabei, wenn man genau hinschaut, sehr leicht beobachten. Stört man die Tiere, können sie ein paar Bläschen Luft aus der Lungenhöhle ausstoßen, verlieren dadurch an Auftrieb und sinken zu Boden.
Wie alle Lungenschnecken (vgl. S. 30) müssen auch die Schlammschnecken zum Luftholen an die Wasseroberfläche kommen, um ihre Mantelhöhle mit Sauerstoff zu füllen. Die Häufigkeit dieses Vorgangs hängt im wesentlichen von der Sauerstoffsättigung des Wassers ab, da die Tiere teilweise auch zur Hautatmung (der Gasaustausch erfolgt in diesem Fall über die Hautoberfläche) befähigt sind. Durch Hautatmung können sie auch im Winter, bei stark herabgesetztem Stoffwechsel, unter einer Eisdecke überdauern. Auf der anderen Seite kann es durchaus vorkommen, daß Schnecken in sauerstoffarmen Gewässern unter einer dichten Wasserlinsendecke, die ihnen den Zugang zur Wasseroberfläche versperrt, ersticken.
Manchmal wird empfohlen, Große Schlammschnecken aus Gartenteichen zu entfernen, da sie durch ihren Fraß Wasserpflanzen schädigen. Dies mag vielleicht in kleinen, wenig natürlichen Becken eine Rolle spielen. In größeren, ökologisch sinnvoll angelegten, artenreichen Teichen konnte eine derartige Schädigung durch *L. stagnalis* nie beobachtet werden.

Leberegelschnecke *Lymnaea truncatula*

Die Leberegelschnecke ist unsere kleinste Schlammschnecke. Das Gehäuse wird meist etwa 10 mm, maximal 14 mm hoch. Das Gewinde ist etwas höher als die Mündung, die Mündung selbst eiförmig schief-oval. Wichtiges Kennzeichen gegenüber Jugendstadien anderer Schlammschnecken sind die stufig tief voneinander abgesetzten Umgänge des Gehäuses. Die Leberegelschnecke frißt am liebsten absterbende Pflanzenteile, mitunter kann man sie aber auch an frischen Blättern fressen sehen. Ihren Namen erhielt die Schnecke, weil sie als Zwischenwirt des Großen Leberegels *(Fasciola hepatica)* fungiert: In ihr entwickelt sich ein Zwischenstadium dieses Parasiten, der als Endwirt Weidevieh, insbesondere Schafe, befällt.
Die Leberegelschnecke lebt selbst in kleinsten Wasseransammlungen, besonders gern in den Entwässerungsgräben von Weidegebieten. Als einzige unserer Wasserschnecken verläßt sie auch ab und zu das Wasser, um außerhalb eine gewisse Zeit herumzukriechen. Beim vollständigen Austrocknen des Wohngewässers können die Tiere bis zu $4^1/_2$ Monate auf dem Trocknen überdauern, auch Frost von $-8\,^\circ C$ kann ihnen dann nichts anhaben. Im Überleben auf dem Boden ausgetrockneter Gewässer wird die Leberegelschnecke übrigens von einigen kleinen Tellerschnecken noch weit übertroffen, die an solche Lebensräume angepaßt sind. Manche Arten können dort über 1 Jahr, die Weißmündige Tellerschnecke *(Anisus leucostomus)* über 2 Jahre überdauern.

Gewöhnliche Schlammschnecke *Lymnaea peregra*

Das Gehäuse der Gewöhnlichen Schlammschnecke wird bis zu 25 mm hoch und besitzt einen länglich-eiförmigen Umriß. Die Mündung ist sehr groß und deutlich höher als das Gewinde, allerdings variieren die Gehäusemerkmale sehr stark. Deshalb ist es oft nicht leicht, die 8 bei uns vorkommenden Schlammschnecken zu unterscheiden. *L. peregra* zeigt sich hinsichtlich ihrer Umweltansprüche wenig wählerisch. Sie kommt sowohl in Stillgewässern jeder Art als auch in Fließgewässern vor. Da sie im Vergleich zu anderen Arten gegenüber Wasserverschmutzung weniger empfindlich ist, besiedelt sie auch heute noch viele unserer Flüsse und ist z. B. im Rhein gemeinsam mit der Schleischnecke die häufigste Wasserschnecke. Sie ernährt sich von Wasserpflanzen (z. B. Wasserlinsen) und Algenaufwuchs. Wegen ihrer Anspruchslosigkeit kann sie sich auch in Gartenteichen gut halten.
Gemeinsam mit den Tellerschnecken gehören die Schlammschnecken zu den Wasserlungenschnecken, also zur nächsten Verwandtschaft unserer Landlungenschnecken. Im Gegensatz zu diesen sitzen ihre Augen jedoch nicht an den Spitzen der Fühler (wer einmal eine Weinbergschnecke aus der Nähe betrachtet, kann dort das knopfförmige Auge leicht entdecken), sondern versteckt an der Basis der Fühler (vgl. Foto).

Posthornschnecke *Planorbarius corneus*

Die Posthornschnecke gehört zur Familie der Tellerschnecken, von denen es 17 Arten bei uns gibt. Dennoch ist sie aufgrund ihres großen (bis 35 mm Durchmesser) und derben Gehäuses leicht zu erkennen. Dieses ist wie bei allen Tellerschnecken spiralig in einer Ebene aufgerollt, dunkelbraun bis rötlich, oft jedoch auf einer Seite gelblich aufgehellt oder mit leichtem Olivschimmer. Die Schnecke besitzt dünne, fadenförmige Fühler. Ihr Blut ist durch den Blutfarbstoff Hämoglobin rot gefärbt, eine Besonderheit der Tellerschnecken, welche bei der Posthornschnecke besonders auffällt. Es gibt sogar einen Stamm, bei dem die Tiere aufgrund fehlender anderer Pigmente (es handelt sich also eigentlich um Albinos) kräftig rot sind. Diese Formen werden gern von Aquarianern gehalten.

Die Posthornschnecke ernährt sich von Algen und Wasserpflanzen, verschmäht aber auch tote Wassertiere nicht. Sie besiedelt pflanzenreiche Stillgewässer, insbesondere Tümpel und Gräben; Fließgewässer meidet sie. Als typischer Bewohner der Tieflagen fehlt sie in den Mittelgebirgen.

Flache Tellerschnecke *Planorbis planorbis*

Die Flache Tellerschnecke (Foto unten links) gehört zu den mittelgroßen Formen der Familie. Das Gehäuse erreicht einen Durchmesser bis 17 mm. Es ist hornfarben bis rötlich, die Umgänge nehmen nur langsam zu. Wichtigstes Erkennungsmerkmal ist jedoch ein deutlich ausgeprägter Kiel am unteren Gehäuserand.

Die Flache Tellerschnecke dürfte wohl unsere häufigste Wasserschnecke sein. Es gibt kaum ein Stillgewässer, welches sie nicht zu erobern vermag. Oft kann man die Tiere geradezu massenhaft finden; auch ein Gartenteich bietet ihnen gute Lebensbedingungen. Die Tiere ernähren sich überwiegend von Algen und abgestorbenen Pflanzenteilen.

Weiße Tellerschnecke *Gyraulus albus*

Die Weiße Tellerschnecke (Foto unten rechts) ist eine kleine Art mit einem maximalen Gehäusedurchmesser von 7 mm. Die Umgänge nehmen rasch zu, die Schale ist dünnwandig, weißlichgrau, mit deutlicher Gitterskulptur. Dieses wichtige Erkennungsmerkmal ist allerdings nur mit einer Lupe gut sichtbar. Dennoch kann man selbst dann beim Bestimmen noch in die Irre geführt werden. Bei vielen Wasserschnecken setzt sich nämlich auf dem Gehäuse ein dunkler Belag ab, der die Oberflächenstruktur und Farbe verdeckt, so daß dann z.B. die »Weiße« Tellerschnecke dunkelbraun aussieht (vgl. Foto; der jüngste Zuwachs noch ohne Belag). Die Art stellt keine hohen Ansprüche an ihren Lebensraum. Sie kommt in kleinen und großen Stillgewässern vor, vermag aber auch Fließgewässer zu besiedeln.

Schleischnecke *Bithynia tentaculata*

Die Schleischnecke gehört ebenso wie die Sumpfdeckelschnecke zu den Vorderkiemern. Schnecken aus dieser Gruppe unterscheiden sich in vielen Dingen von den bisher beschriebenen Wasserlungenschnecken. Wesentlich ist der Besitz von Kiemen, so daß die Tiere zum Luftholen nicht an die Wasseroberfläche kommen müssen, sowie der Besitz eines Deckels. Mit diesem kann die Gehäusemündung verschlossen werden (vgl. Foto unten), beim ausgestreckten Tier wird er hinten auf dem Fuß getragen. Die Schleischnecke (Foto oben) besitzt ein spitzkonisches Gehäuse von 10–11 mm Höhe. Sie ist ein typischer Ubiquist. Darunter versteht man Arten, die nicht an einen bestimmten Lebensraum angepaßt sind, sondern in zahlreichen Biotopen vorkommen können. Die Schleischnecke bewohnt Weiher, Seen, Gräben, Bäche und Flüsse gleichermaßen. Sie ist äußerst tolerant gegenüber organischer Verschmutzung und hohem Salzgehalt, so daß Vorkommen im Brackwasser oder in stark belasteten Fließgewässern belegt sind. Als Nahrung nimmt sie Detritus auf, d.h. abgestorbene Teile von Pflanzen und Tieren, die sie von der Bodenoberfläche aufsammelt; sie kann aber auch Planktonorganismen herbeistrudeln. Da es oft zu regelrechten Massenentwicklungen der Schnecke kommt, ist sie eine wichtige Nahrung für Fische, weswegen sie auch den Namen Schleischnecke erhalten hat.

Sumpfdeckelschnecke *Viviparus contectus*

Die Sumpfdeckelschnecke kann man an ihrem großen, bis 40 mm hohen, rundlich-kegelförmigen, grünlichbraunen Gehäuse mit den 3 charakteristischen rotbraunen Bändern leicht erkennen. Sie bewohnt pflanzenreiche Stillgewässer und Sümpfe und ernährt sich von festsitzenden Mikroorganismen (Aufwuchs), die sie von im Wasser befindlichen Gegenständen abweidet (»Weidegänger«), von Detritus, den sie im Schlamm findet, oder von Planktonorganismen, die sie aus dem Wasser herbeistrudelt.

Die Sumpfdeckelschnecke ist, wie der lateinische Gattungsname bereits anzeigt, lebendgebärend. Die jungen Schnecken werden mit einem Gehäuse von 5–6 mm Größe aus dem Uterus entlassen. Vielfach überwintern die fertig ausgebildeten Jungschnecken auch im Mutterleib. Im Gegensatz zu den zwittrigen Lungenschnecken ist die Sumpfdeckelschnecke getrenntgeschlechtlich. Wer Gelegenheit hat, die Tiere im Freiland oder in einem Aquarium zu beobachten, kann selbst leicht die Geschlechter unterscheiden: Beim Weibchen sind beide Fühler drehrund und dünn pfriemenförmig, beim Männchen ist der rechte Fühler als Begattungsorgan ausgebildet, kurz und verdickt, während der linke Fühler die normale Form hat. Die Augen sitzen bei der Sumpfdeckelschnecke auf kleinen Höckern an der Basis der Fühler. Sie ist heute in ihrem Bestand gefährdet, ein Schicksal, das sie mit vielen Wassertieren teilt.

Schneckenlaich

Oft findet man an im Wasser liegenden Pflanzenteilen, insbesondere an der Unterseite von Blättern, gallertige Gebilde. Hier handelt es sich fast immer um Laich. Die Laichballen unserer Wasserlungenschnecken sind gelatineartig fest. Sie werden an Steinen, Holz oder Pflanzenteilen angeheftet, manchmal sogar auf das Gehäuse eines Artgenossen. Größe und Form der Eiballen sind recht unterschiedlich. Bei den Schlammschnecken (Foto oben) sind es meist längliche Schnüre, in denen die Eier in mehreren Reihen nebeneinander liegen, die Tellerschnecken bilden runde Gelege. Die Zahl der Eier hängt sehr stark vom Alter und Ernährungszustand des Tieres ab – und natürlich gibt es von Art zu Art Unterschiede.
Die Laichballen der Großen Schlammschnecke können über 60 mm lang und 8 mm breit werden und mehr als 200 Eier enthalten. Meist sind sie kleiner, insbesondere bei jungen Tieren. Die flachen Eikuchen der Posthornschnecke haben 15–30 mm Durchmesser und enthalten meist 60–70 Eier. Die Gelege kleinerer Arten enthalten auch wesentlich weniger Eier, das der Weißen Tellerschnecke beispielsweise lediglich 4–10. Ein Tier kann allerdings mehrfach im Jahr, oft in kurzen Abständen, Gelege produzieren. So legte eine Große Schlammschnecke während ihres zweijährigen Lebens 30 Laichballen mit insgesamt 3000 Eiern ab. 2 Jahre ist übrigens die durchschnittliche Lebenserwartung unserer meisten Süßwasserschnecken, große Formen werden auch 3–4 Jahre alt.
In den Laichballen sind die Eier mit einer Lupe gut zu erkennen. Bei älteren Gelegen kann man die Embryonen in den Eihüllen beobachten (Foto unten links) und so deren Wachstum verfolgen. Insbesondere die dunklen Augenpunkte fallen auf. Zum Zeitpunkt des Schlüpfens besitzen die Jungschnekken bereits ein kleines Gehäuse.

Bernsteinschnecke *Succinea putris*

Die Bernsteinschnecke (Foto unten rechts) ist keine Wasserschnecke, sondern zählt zu den Landlungenschnecken. Das Gehäuse ist länglich-eiförmig, blaßgelb bis bernsteinfarben, durchscheinend; die Mündung sehr groß, schief-eiförmig, oben spitz und nimmt mindestens 2 Drittel der Gehäusehöhe ein. Das Tier zeigt eine hellgelbliche bis graue Färbung und besitzt die für Landlungenschnecken typischen Fühler mit den Augen an der Spitze. Die Bernsteinschnecke lebt amphibisch und ist auf das Vorhandensein von Wasser angewiesen – für kurze Zeit geht sie auch unter Wasser. Meist findet man die Tiere an im Wasser stehenden Pflanzenstengeln. Aufgrund ihres hohen Wassergehaltes können sich Bernsteinschnecken normalerweise nicht ganz in das Gehäuse zurückziehen. Sie ernähren sich von frischen und welkenden Pflanzenteilen, aber auch von Algen. Die Tiere sind überall an pflanzenreichen Stillgewässern, in feuchten Wiesen und Auwäldern zu finden.

Erbsenmuscheln *Pisidium* spec.

Muscheln sind Weichtiere mit einer zweiklappigen Kalkschale, die den Körper rechts und links umgibt. Die beiden Schalen sind durch ein bezahntes Schloß beweglich miteinander verbunden und können durch Muskeln geschlossen, durch ein elastisches Schloßband geöffnet werden. Zwischen Körper und Schale liegen jederseits blattförmige Kiemen, deren Bewimperung den für Atmung und Ernährung notwendigen Wasserstrom erzeugt. Als Nahrung dienen winzige Schwebeorganismen (Plankton) und -partikel (Detritus). Die meisten der über 20000 bekannten Muschelarten leben im Meer. Von den etwa 30 Süßwasserarten unseres Gebiets sind nur wenige im Gartenteich zu erwarten. Dazu gehören insbesondere die wegen ihrer Schalenform und Größe so genannten Erbsenmuscheln, die im schlammigen Boden auch von Kleingewässern leben, und deren weißliche bis bräunliche Schalen nur 2–10 mm lang sind. Im Gegensatz zu den meisten Muscheln sind sie Zwitter, d.h. jedes Tier besitzt sowohl männliche als auch weibliche Geschlechtsorgane. Die befruchteten Eier entwickeln sich zwischen den Kiemen zu Jungtieren. Erbsenmuscheln finden sich in stehenden und langsam fließenden Gewässern – auch in sehr kleinen. Im Schlamm eingegraben, können einige Arten sogar das Austrocknen oder Ausfrieren ihres Wohngewässers überleben.

Malermuschel *Unio pictorum*

Diese Art soll ihren Namen daher haben, daß früher ihre Schalen als Farbnäpfchen verwendet wurden. Sie hat bis 9 cm lange gelbolive Schalen und kommt in Seen und größeren Teichen vor, wo sie sich mit ihrem beilförmigen Fuß so weit in den sandigen oder schlammigen Untergrund eingräbt, daß nur die spitze hintere Körperhälfte ins Wasser ragt (für das Foto wurde die Muschel aus dem Boden gezogen). Am Hinterende liegt unten die Einström- und oben die Ausströmöffnung für Atem- und Nahrungswasser.
Interessant ist die Fortpflanzung: Die befruchteten Eier entwickeln sich zunächst im Kiemenraum des Muttertiers in 4–6 Wochen zu winzigen Larven (Glochidien), die mit dem Atemwasser ausgestoßen werden und zu Boden fallen. Wenn ein Fisch sie fressen will, schlagen sie die Haken an ihrem Schalenrand in dessen Kiemen. Dort werden sie vom Gewebe überwuchert und leben so lange parasitisch, bis sie sich zu einer kleinen Muschel entwikkelt haben. Dann lösen sie sich aus dem Gewebe, sinken zu Boden und ernähren sich fortan durch Herbeistrudeln und Herausfiltern ihrer Nahrung aus dem Wasser. Interessant ist ferner, daß der Bitterling, ein kleiner Fisch von etwa 5–9 cm Länge, seine Eier in den Kiemenraum der Malermuschel (und anderer Muscheln) legt, wo sie sich bis zum Ende der Larvenzeit entwickeln (vgl. S. 108). Ohne Fische kann sich daher die Malermuschel nicht entwikkeln – ohne Muscheln kann es der Bitterling nicht!

Schlammröhrenwurm *Tubifex* spec.

Der Schlammröhrenwurm ist ein Wenigborster (Oligochaeta). Diese gehören zu den Ringelwürmern (Annelida), die durch eine mehr oder weniger gleichmäßige Segmentierung des Körpers charakterisiert sind. Bei den Wenigborstern ist diese besonders deutlich zu erkennen. An jedem Ring sitzen nur wenige Borsten in 4 Gruppen (Name!). Zusammen mit den Egeln (vgl. S. 42) bilden die Wenigborster die Gruppe der Gürtelwürmer (Clitellata), bei denen einige Segmente in der vorderen Körperhälfte zu einem Drüsengürtel modifiziert sind. Dieser Gürtel dient zur Vereinigung der zwittrigen Partner bei der Begattung und später zur Bildung eines Kokons, in den die Eier eingeschlossen werden.

Die bekanntesten Vertreter der Wenigborster sind ohne Zweifel die landbewohnenden Regenwürmer. Weniger bekannt ist, daß viele Arten im Süßwasser leben. Die meisten davon sind jedoch so klein, daß man sie nur mit Hilfe eines Mikroskops genau erkennen kann. Eine Ausnahme sind die rötlich gefärbten Schlammröhrenwürmer, die eine Länge von 5–8 cm erreichen. Man findet diese Tiere besonders dort, wo der schlammige Gewässerboden stark mit den Abbauprodukten toter Pflanzen und Tieren angereichert ist (Foto unten; das obere Bild zeigt nicht den natürlichen Lebensraum). Die Würmer stecken mit ihrem Vorderende in senkrechten Röhren, die mit Schleim verfestigt sind. Das Hinterende ragt ins freie Wasser und macht ununterbrochen schlängelnde Bewegungen. *Tubifex* ist ein Schlammfresser, der durch den Abbau des darin enthaltenen organischen Materials wesentlich zum Stoffkreislauf eines Gewässers beiträgt. Da aber der Sauerstoffgehalt der Wasserschicht über Schlammböden meist sehr niedrig ist, müssen die Schlammröhrenwürmer daran angepaßt sein – einige Tage können sie sogar völlig ohne Sauerstoff leben. Die Pendelbewegungen des Hinterendes dienen zum Herbeistrudeln frischen Wassers, das in den Enddarm, wo hauptsächlich der Gasaustausch stattfindet, aufgenommen und wieder ausgestoßen wird. Auch das Vorhandensein eines roten Blutfarbstoffs, der dem der Wirbeltiere sehr ähnlich ist und die Färbung der Würmer verursacht, soll dem Überleben bei geringen Sauerstoffkonzentrationen dienen.

Das Vorkommen weniger *Tubifex* im Gartenteich ist noch unbedenklich. Wenn aber größere Mengen auftreten (man hat schon mehrere zehntausend Individuen pro Quadratmeter gezählt), dann ist dies ein Alarmzeichen! Es bedeutet, daß die Sauerstoffkonzentration unter das für die meisten Tiere lebensnotwendige Minimum abgesunken ist und die Gefahr der Bildung giftigen Faulschlamms besteht. In einem solchen Fall muß sofort der Schlamm und anderes organisches Material (z. B. Fallaub) aus dem Teich entfernt werden. *Tubifex* ist also ein Indikator für sehr starke organische Wasserbelastung.

Vielen Aquarianern ist der Schlammröhrenwurm als beliebtes Fischfutter bekannt.

Fischegel *Piscicola geometra*

Im Gegensatz zu den meist zarten und schlanken Wenigborstern (vgl. S. 40) sind die Egel (Hirudinea) muskulös und von mehr gedrungener Gestalt. Den einheimischen Arten fehlen außerdem die Borsten. Ihre Körpergliederung ist undeutlich, weil die Segmente in einige bis viele Ringel unterteilt sind. Am Vorderende haben sie einen kleinen Saugnapf, der den Mund umgibt, ein größerer Saugnapf liegt am Hinterende. Der Mundsaugnapf dient zum Festhalten der Beute, beide Saugnäpfe dienen zur Fortbewegung, die durch Ausstrecken des Vorderkörpers, Festheften des Mundsaugnapfs und Nachziehen des Hinterkörpers erfolgt. Der wohl bekannteste Egel, der Medizinische Blutegel *(Hirudo medicinalis)*, gehört zu den Kieferegeln, die mit 3 feingezähnten Kiefern die Haut ihrer Beute durchsägen, um Blut saugen zu können. Bei uns ist er sehr selten geworden.
Der Fischegel gehört zu den Rüsselegeln. Sein Schlund ist als vorstreckbarer Rüssel ausgebildet, mit dem er Blut von Fischen saugt (auf dem Foto oben an einem Stichling). Er ist 5–8 cm lang und sehr schlank. Leicht zu erkennen ist er an dem großen hinteren Saugnapf. Seine Färbung ist, wie bei fast allen Egeln, sehr variabel, meist ist sie olivgrün mit Längsreihen gelblicher Flecken. Auf dem Mundsaugnapf sitzen 4 rautenförmig angeordnete Augen. Fischegel sitzen in Ruhestellung gerade ausgestreckt, durch vertikale Schlängelbewegungen des Körpers können sie elegant schwimmen.

Roll- oder Hundeegel *Erpobdella octoculata*

Dieser Egel ist ein Schlundegel. Er verschlingt seine Beute (meist Insektenlarven oder Würmer) mit seinem sehr dehnbaren Schlund. Seine Länge beträgt bis 6 cm, seine Breite etwa 8 mm. Die Färbung ist meist dunkelbraun mit Querreihen gelber Fleckchen (Foto unten links). Die Unterseite ist heller und einfarbig. Am Vorderende liegen acht punktförmige Augen. Der Rollegel findet sich sehr häufig in stehenden oder langsam fließenden Gewässern unter Steinen, an die er auch seine dunkelbraunen Eikokons, die etwa 10 Eier enthalten, befestigt. Die Kokons haben die Form einer Zitrone und sind etwa 5 mm lang und 3 mm breit.

Plattegel *Helobdella stagnalis*

Dieser 5–10 mm lange, 3–5 mm breite und flache Rüsselegel ist schwach rötlichgrau gefärbt (Foto unten rechts). Seine Nahrung besteht aus Insektenlarven, Wasserflöhen, Wasserasseln und gelegentlich auch Schnecken, die mit dem Rüssel ausgesaugt werden. Am Vorderende sitzen 2 Augen, zwischen dem 10. und 11. Ringel befindet sich eine kleine dunkelbraune Rückenplatte. Interessant ist die Brutpflege: Die Eier und die aus ihnen schlüpfenden Jungtiere werden vom Muttertier eine Zeitlang auf der Bauchseite mitgetragen.

Wasserspinne *Argyroneta aquatica*

In Mitteleuropa konnte sich von den Spinnen nur die Wasserspinne *(Argyroneta aquatica)* an das Leben im Wasser anpassen. Dennoch weist ihr Körper im Vergleich zu den Landspinnen auf den ersten Blick keine Veränderungen auf. Die Unterschiede sind erst nach eingehenden Untersuchungen festzustellen. Sie liegen in einem besser entwickelten Atemsystem, in einem sehr kompliziert gebauten Spinnapparat und in einem dichten Haarkleid, das aus zwei Schichten ungleich langer, gefiederter Haare aufgebaut ist. Obwohl die Wasserspinne ihr ganzes Leben im Wasser verbringt, benötigt sie Luftsauerstoff zum atmen. Dazu streckt sie ihren Hinterleib über die Wasseroberfläche und nimmt Luft in das Atmungssystem, das aus einem feinverzweigten Röhrensystem besteht, auf. Beim Abtauchen nimmt die Wasserspinne mit dem Hinterleib eine Luftblase zur Sauerstoffversorgung unter Wasser mit (vgl. Foto oben rechts). Diese sogenannte »physikalische Kieme« dient unter Wasser zur Sauerstoffversorgung, indem verbrauchter Sauerstoff aus dem Wasser ersetzt wird.
Der Spinnapparat wird bei der Wasserspinne zum Bau von luftgefüllten Glokken, die mit Taucherglocken vergleichbar sind, benötigt. Nach ihren Aufgaben unterscheidet man mehrere Typen. Normalerweise werden Wohnglokken gebaut, in denen die Tiere sich längere Zeit unter Wasser aufhalten können. Von hier aus gehen sie auch auf die Jagd nach Wasserinsektenlarven (auf dem Foto oben links eine Zuckmückenlarve als Beute), Asseln und Kleinkrebsen. Zur Häutung baut sich die Spinne sogenannte Häutungsglokken. Auch zur Fortpflanzung und Jungenaufzucht werden spezielle Glocken unter Wasser angelegt. Der Lebensraum der Wasserspinne sind stehende Gewässer, wobei Moorweiher und Torfstiche bevorzugt besiedelt werden.

Wassermilben Hydracarina

In den Binnengewässern kommen eine Vielzahl von Milben vor, die die unterschiedlichsten Gewässertypen besiedeln. Man findet sie in Kleinstgewässern, wie wassergefüllte Baumstümpfe und Pfützen, aber auch in Fließgewässern, Weihern und Seen. Milben gehören wie die echten Spinnen zur großen Gruppe der Spinnentiere. Die ausgewachsenen Tiere erkennt man an den 4 Beinpaaren und an dem ungegliederten Körper (Fotos unten, rechts Blick auf die Bauchseite). Eine Unterscheidung der einzelnen Arten ist nur Spezialisten vorbehalten. Besonders auffallend sind die kleinen Milben durch ihre oft prächtige Färbung. Alle Wassermilben sind Räuber, die sich von Wasserflöhen, Hüpferlingen, Muschelkrebsen, Schneckenlaich und Insektenlarven ernähren. Mit den Mundwerkzeugen wird Verdauungsflüssigkeit in das Opfer eingespritzt, so daß die inneren Organe aufgelöst werden. Der so entstandene Nahrungsbrei wird anschließend ausgesaugt. Aufgrund ihres üblen Geschmacks werden Milben von Fischen als Nahrung verschmäht.

Gemeiner Wasserfloh *Daphnia pulex*

Das Vorkommen der Wasserflöhe (Cladocera) ist fast ausschließlich auf das Süßwasser beschränkt. Im Meer finden sich nur wenige Arten. In Mitteleuropa bewohnen ca. 90 Arten die unterschiedlichsten Gewässer, wobei Fließgewässer nicht besiedelt werden. Die meisten Wasserfloharten findet man in pflanzenreichen Ufern von Seen, Weihern und Tümpeln. Sogar in Kleinstgewässern, die zeitweise austrocknen, leben eine Reihe von Wasserflöhen. Räuberische Arten gibt es nur wenige, die meisten ernähren sich von einzelligen Algen, Bakterien und feinsten Schwebeteilchen, indem sie die Nahrung aus dem Wasser filtrieren. Eine besondere Anpassung an zum Teil extreme Lebensbedingungen stellt die Fortpflanzung dar. Bei günstigen Umweltbedingungen treten ausschließlich Weibchen auf, die sich ohne die Befruchtung der Eier durch Männchen vermehren. Dabei kommt es in kurzer Zeit zu einem Massenauftreten bestimmter Arten. Bei Verschlechterung der Lebensbedingungen, wie Nahrungsknappheit oder Austrocknen des Gewässers, treten Männchen auf. Die dann durch Befruchtung entstehenden Dauereier können lange Zeit im Gewässer verbleiben.
Mit 3 bis 4 mm Größe ist der Gemeine Wasserfloh *(Daphnia pulex)* einer der größten einheimischen Wasserflöhe (Foto oben und unten links). Er ist in nahezu allen nährstoffreichen Kleingewässern anzutreffen. Bei günstigen Bedingungen können große Massen dieser Art rötlich gefärbte Wolken im Wasser bilden. Bei näherem Hinsehen erkennt man die hüpfende, flohähnliche Bewegungsweise dieser Krebschen, die durch die ruckartigen Schläge der beiden großen, zweiästigen Antennen zustande kommt. Im Nahrungsnetz (vgl. S. 10) des Gewässers haben die Wasserflöhe eine wichtige Aufgabe. Zum einen filtrieren sie kleinste Schwebeteilchen und kleine Algen aus dem Wasser, und zum anderen sind sie für viele Jungfische die erste Nahrung.

Plattkopf-Wasserfloh *Simocephalus vetulus*

Vertreter der Gattung *Simocephalus* zählen zu den häufigsten Kleinkrebsen unserer Binnengewässer. Sie bewohnen sowohl Kleingewässer als auch größere Seen. Ihr Körper ist seitlich zusammengedrückt, die Schale hat eine eiförmige und gleichmäßig gerundete Form. Der kleine Kopf ist durch eine deutliche Einsenkung von der Rumpfschale abgetrennt. Die bekannteste und verbreitetste Art dieser Gruppe, der Plattkopf-Wasserfloh *(Simocephalus vetulus,* Foto unten rechts), ist sehr anpassungsfähig und bewohnt mit Ausnahme stark saurer Moore alle Gewässertypen. Die Weibchen werden maximal 4 mm groß und sind olivgrün bis dunkelgrün gefärbt. Bevorzugter Aufenthaltsort in Gewässern sind pflanzenreiche Uferzonen. Auch in dichten Algenwatten halten sich diese Kleinkrebse gern auf. Die Tiere klammern sich mit Hilfe von Hakenborsten der Antennen an Wasserpflanzen fest und sind selten im Freiwasser anzutreffen.

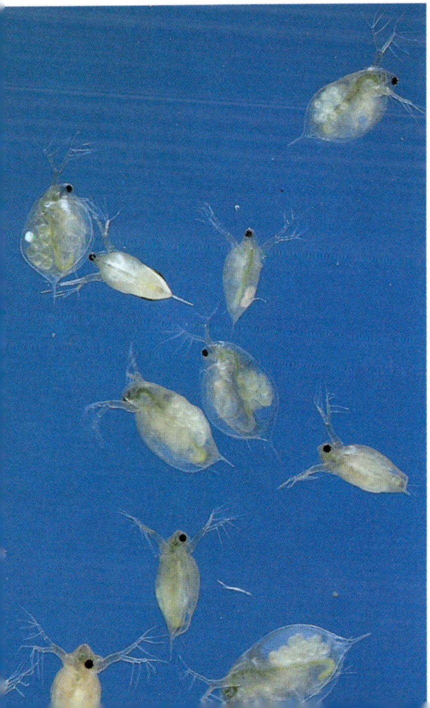
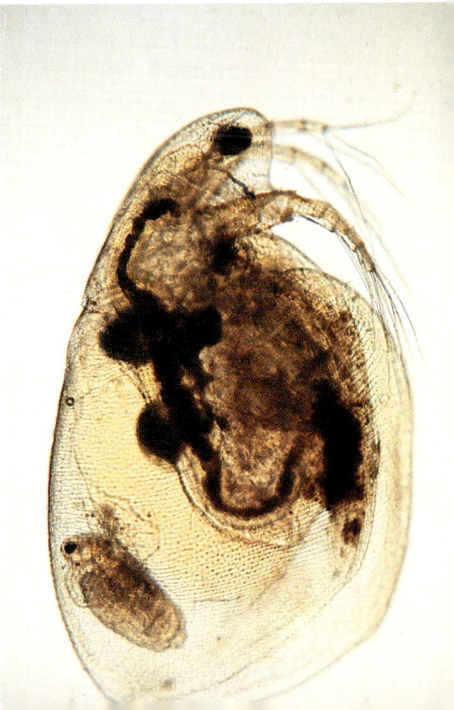

Hüpferlinge Copepoda

Die meisten Vertreter dieser artenreichen Gruppe sind im Meer zu finden. In mitteleuropäischen Binnengewässern leben ungefähr 130 Arten, wovon die meisten kleine, flache und pflanzenreiche Kleingewässer bevorzugen. Nach Vorkommen, Ernährungsweise und Art der Fortbewegung unterscheidet man drei Gruppen. Die »Schweber« gehören zu der Gattung *Diaptomus* (Foto oben links). Ihr Lebensraum sind die Freiwasserzonen von Seen und größeren Weihern. In der pflanzenreichen Uferzone von den verschiedensten stehenden Gewässern leben die richtigen »Schwimmer« der Gattung *Cyclops* (Foto oben rechts). Von der oben genannten Gruppe unterscheiden sich die »Schwimmer« durch folgende Merkmale: Die Weibchen besitzen 2 Eiersäcke im Gegensatz zu den »Schwebern«, die nur 1 Eiersack tragen. Das 1. Antennenpaar der Schwimmer ist kürzer. Die Fortbewegung erfolgt durch ruckartiges Schlagen der ersten Antennen. Die dritte Gruppe sind die Harpactiden, die meist im Schlamm des Gewässergrundes leben. In Gartenteichen finden sich vor allem Vertreter der »Schwimmer«, die in solchen meist pflanzenreichen Kleingewässern die besten Lebensbedingungen vorfinden.
Bei den Hüpferlingen geschieht die Vermehrung immer durch befruchtete Eier, aus denen die Larven (Nauplius-Larven) schlüpfen. Die Entwicklung von Larve bis zum erwachsenen Krebschen erfolgt über mehrere Häutungen. Während bei der Mehrzahl der Ruderfußkrebse die Entwicklung der dünnwandigen Eier sofort nach der Befruchtung beginnt, sind bei manchen Arten Dauereier bekannt. Sie können auf dem Gewässergrund mehrere Monate in Ruhe verharren. Unter den Hüpferlingen findet man sowohl räuberische Arten als auch reine Algen- und Aasfresser. Besonders Cyclopiden (»Schwimmer«) sind imstande, größere Beutetiere als sie selbst zu überwältigen und zu verzehren, z.B. Larven von Zuck- und Stechmücken. Bestimmte Arten sind gefährliche Schädlinge von Fischbrut.

Muschelkrebse Ostracoda

Muschelkrebse (Foto unten) finden sich in allen Gewässertypen, jedoch sind pflanzenreiche Weiher und Tümpel ihr bevorzugter Lebensraum. Äußerlich gleichen die Tiere sehr kleinen Muscheln. Ihr Körper ist von einer zweiklappigen Schale ganz umschlossen (Länge: bis 2 mm); die beiden Schalenhälften werden durch einen besonderen Mechanismus beweglich miteinander verbunden, der die Schalen auseinanderklaffen läßt. Zum Verschließen der beiden Schalenhälften besitzen die Muschelkrebse wie die Muscheln besondere Muskeln. Mit fest zusammengepreßten Schalen können Muschelkrebse sehr lange in ihrem ausgetrockneten oder gefrorenen Wohngewässer überdauern. Im Gegensatz zu Wasserflöhen sind sie fast ausschließlich Bodenbewohner. Ihre Hauptnahrung besteht aus verwesenden Stoffen.

Karpfenlaus *Argulus foliaceus*

Die Familie der Karpfenläuse ist mit 50 Arten in Europa und Amerika verbreitet. Sowohl im Süßwasser als auch im Salzwasser finden sich Vertreter dieser Kleinkrebse. Bei uns findet man die 8,5 mm lange Karpfen- oder Fischlaus auf zahlreichen Süßwasserfischen, Kaulquappen und Molchen. Diese parasitisch lebenden Kleinkrebse krallen sich an ihren Wirten fest und können aus der Haut Blut saugen. Nach dem Blutmahl kann das Tier seinen Wirt verlassen und im freien Wasser umherschwimmen. Bei Jung- und Kleinfischen kann der Befall mit Karpfenläusen zum Tode führen, während er bei größeren Fischen zu einer Beeinträchtigung der Vitalität führt.

Wasserassel *Asellus aquaticus*

Im Süßwasser findet sich die Gattung *Asellus* mit 3 Arten, während die Mehrzahl der wasserbewohnenden Asseln im Meer vorkommt. Die Art *Asellus aquaticus* ist schmutzig graubraun bis leicht violett gefärbt. Das Männchen wird bis 12 mm groß, während das kleinere Weibchen höchstens eine Länge von 8 mm erreicht. Mit Ausnahme von schnell fließenden Bächen werden alle Gewässertypen besiedelt, sofern genügend verwesende Pflanzenteile als Nahrung zur Verfügung stehen. Meist findet man Wasserasseln an Laub und Holzstückchen, an denen die Tiere umherklettern. Während der Paarungszeit, die etwa 8 Tage dauert, trägt das Weibchen das Männchen auf dem Rücken umher. Bei der eigentlichen Paarung legen sich die beiden Partner mit der Bauchseite gegeneinander. Das Weibchen trägt die aus den Eiern geschlüpften Jungtiere in einem aus den Gliedmaßen gebildeten Brutsack an der Bauchseite. Im Schutz des Muttertieres entwickeln sich die jungen Asseln, bis sie den erwachsenen gleichen. Diese Entwicklungszeit beträgt ungefährt 3–6 Wochen und ist von der Wassertemperatur und dem Nahrungsangebot abhängig.
Als Bioindikator zur Einschätzung der Gewässergüte sind die Wasserasseln wenig geeignet, da sie sowohl in ganz sauberen Gewässern als auch in stark verschmutztem Wasser zu finden sind. Ein Massenauftreten der Wasserasseln in einem Gartenteich deutet jedoch auf das Vorhandensein von reichlich faulenden Stoffen wie z. B. Fallaub oder abgestorbenen Wasserpflanzen hin. Bei der Zersetzung dieser Stoffe kann es in kleinen Gewässern zum Rückgang des Sauerstoffgehaltes kommen. Dadurch werden viele Teichbewohner geschädigt. Abhilfe kann durch Herausnehmen der abgestorbenen Pflanzenreste geschaffen werden.

Flußkrebse Astacidae

Der Hauptlebensraum der zehnfüßigen Krebse (Decapoda), zu denen auch Hummer, Langusten, Krabben und Garnelen gehören, ist das Meer. Nur wenige Arten, z. B. die Flußkrebse, bewohnen unsere Binnengewässer. Es sind oft nachtaktive Tiere, deren Nahrung aus Wasserinsekten, Würmern, Weichtieren, gelegentlich auch aus kleinen Fischen und Kaulquappen besteht. Aber auch pflanzliche Nahrung und Aas werden nicht verschmäht. Flußkrebse bewegen sich gehend mit den zehn Brustbeinen (einschließlich der Scherenbeine) fort. Sie können auch durch schnelles Abwärtsschlagen mit dem Hinterleib und dessen breitem Schwanzfächer ruckartig nach hinten davonschwimmen: Der oft genannte »Krebsgang« ist also eher ein »Krebsschwimmen«.

Die beiden ursprünglich in Mitteleuropa heimischen Arten Edelkrebs *(Astacus astacus)* und Steinkrebs *(Austropotamobius torrentium)* sind seit 1870 durch den Befall mit einem parasitschen Pilz (»Krebspest«) sowie durch Verschmutzung oder Zerstörung ihrer Gewässer stark zurückgegangen, gebietsweise sogar ausgerottet. Sie sind auch auf Grund ihres Lebensraums (Edelkrebs: langsam fließende Bäche und Flüsse; Steinkrebs: schnell fließende Gebirgsbäche) nicht für den Gartenteich geeignet.

Um die Verluste durch die Krebspest auszugleichen, wurden seit 1890 mehrfach fremde Flußkrebsarten eingeführt. Von diesen kommt insbesondere der Galizische oder Sumpfkrebs (*Astacus leptodactylus,* Foto unten) als Bewohner des Gartenteichs in Frage: Er besiedelt stehende Gewässer und erträgt höhere Temperaturen und geringere Sauerstoffgehalte des Wassers. Zu erkennen ist diese ursprünglich im Schwarzmeergebiet heimische Art an den langen und schmalen Scherenfingern, die einen geraden Innenrand haben, und an dem seitlich gezähnten Stachel am Vorderende des Panzers.

Ein möglicher Besiedler größerer Gartenteiche könnte auch der im Jahr 1890 aus Nordamerika eingeführte Kamberkrebs (*Orconectes limosus,* Foto oben) sein, der gegen die Krebspest immun und daher in Flüssen und größeren Seen recht häufig ist. Man erkennt ihn leicht an den braunroten Querbändern auf den Rückenplatten des Hinterleibs sowie an den orange und blau gefärbten Spitzen der Scherenfinger.

Alle bei uns vorkommenden Flußkrebsarten begatten sich im Herbst. Das Weibchen trägt die Eier büschelweise angeklebt an den kurzen Schwimmbeinen des Hinterleibs. Erst im Frühjahr schlüpfen die Larven. Die Geschlechtsreife wird nach 3–4 (Edelkrebs) oder 1–2 Jahren (Kamberkrebs) erreicht. Flußkrebse müssen sich, wie alle Tiere mit einem festen Außenskelett, häuten, um wachsen zu können. Zunächst wird unter dem alten Panzer der noch weiche neue gebildet. Dann verläßt das noch weichhäutige und fast weiße Tier als »Butterkrebs« den alten Panzer durch vorgebildete Risse.

Eintagsfliegen Ephemeroptera

Der Name dieser Insektengruppe ist doppelt irreführend: Einmal handelt es sich nicht um Fliegen, sondern um eine eigenständige Ordnung mit unvollkommener Verwandlung (ein Puppenstadium fehlt), zum anderen bezieht er sich nur auf die Lebenszeit der Vollinsekten – die Larvenentwicklung dauert meist etwa 1 Jahr. Eintagsfliegen findet man fast immer nur in der Nähe von Gewässern. Ihre glasigen und reichgeäderten Flügel werden in der Ruhe nach oben zusammengelegt, die Hinterflügel sind kleiner als die Vorderflügel oder können sogar ganz fehlen. Die Beine sind sehr schwach und kaum zum Laufen geeignet. Besonders auffällig und kennzeichnend sind 3 oder 2 lange Schwanzfäden am Hinterende (Foto oben). Bei den Männchen sind die Facettenaugen oft vergrößert, zweigeteilt und gestielt (Turbanaugen). Die Lebenszeit der Vollinsekten dauert nur wenige Stunden, selten einige Tage. Dieser Zeitraum reicht zur Verbreitung und Fortpflanzung. Nahrung wird in diesem Stadium nicht aufgenommen – die Mundwerkzeuge sind verkümmert.

Vor der Begattung sammeln sich die Männchen in großen Schwärmen; jedes Weibchen, das sich dem Schwarm nähert, wird sofort erfaßt und begattet. Die Eier, ein Weibchen erzeugt mehrere hundert bis tausend, werden ins Wasser abgelegt. Aus ihnen schlüpfen nach wenigen Tagen bis Wochen die Larven, die sich während ihres Wachstums ungewöhnlich oft, nämlich bis zu 12, z.T. sogar über 20mal häuten. Die Larven leben stets im Wasser, sie kann man leicht an den 3 (selten 2) Schwanzfäden erkennen, die durch Auf- und Abschlagen des Hinterleibs zum Schwimmen verwendet werden. Außerdem tragen sie am Hinterleib jederseits 6–7 sogenannte Tracheenkiemen, die der Atmung dienen. Sie sind blatt- oder büschelförmig, von luftgefüllten Atemröhren (Tracheen) durchsetzt und werden rhythmisch bewegt. Bei älteren Larven erkennt man auf der Rückenseite des Brustabschnitts die in Scheiden steckenden Flügelanlagen (vgl. Foto unten), die mit jeder Häutung größer werden. Nach Beendigung der Larvenzeit verlassen die Tiere das Wasser und häuten sich. Dabei entsteht aber noch nicht das geschlechtsreife Vollinsekt, sondern (und das ist einmalig unter den Insekten) ein Vorstadium, die sogenannte Subimago, ein flugfähiges Tier, das man an den milchig-trüben Flügeln erkennen kann. Erst nach wenigen Minuten bis Stunden entsteht nach erneuter Häutung das fortpflanzungsfähige Vollinsekt, die Imago.

Eintagsfliegenlarven findet man in fast allen Gewässertypen. In Fließgewässern zeigen sie in Anpassung an die Strömung einen abgeplatteten Körperbau. In stehenden Gewässern graben sie im Schlamm oder leben auf dem Gewässerboden. Manche Arten schwimmen mit ihren Schwanzfäden im freien Wasser. Ihre Nahrung gewinnen die Larven durch Abschaben des Algenbewuchses von Pflanzen und Steinen, gelegentlich fressen sie auch organische Bodenbestandteile. Fließgewässer bewohnende Eintagsfliegenlarven sind übrigens durch den »Sauren Regen« besonders gefährdet.

Larve der Kleinlibellen Zygoptera

Libellenlarven finden sich in fast allen Gewässern, vom Bergbach bis zum Hochmoortümpel. Sie sind durchweg Räuber und lauern, im Schlamm oder zwischen Wasserpflanzen versteckt, auf ihre Beute (Ringelwürmer, Kleinkrebse, Insekten und deren Larven, kleine Schnecken). Sobald ein Beutetier in erreichbare Nähe kommt, schießt die sogenannte Fangmaske vor, erfaßt es mit ihren Greifzangen und zerstückelt es. Diese Fangmaske wird von der Unterlippe gebildet, sie liegt in Ruhestellung zusammengefaltet auf der Unterseite von Kopf und Vorderbrust. Zum Beutefang wird sie blitzschnell ausgestreckt und vergrößert so die Reichweite.
Die Zahl der Larvenstadien schwankt bei den Libellen je nach Art und Umweltbedingungen zwischen 9 und 15. Erst bei den späteren Larvenstadien, die jeweils durch eine Häutung getrennt sind, werden die Flügel angelegt. Sie erscheinen zunächst als winzige Stummel und werden mit jeder Häutung größer. Libellen haben eine unvollkommene Verwandlung – ein Puppenstadium fehlt. Zur Atmung dient den Libellenlarven der Enddarm. Dort erfolgt der Gasaustausch an zahlreichen dünnwandigen Hautfalten, die von feinstverzweigten Luftröhren (Tracheen) durchzogen sind. Das Atemwasser wird rhythmisch in den Enddarm eingesogen und wieder ausgestoßen. Wenn der Sauerstoff im Wasser knapp ist, können Libellenlarven ihre Hinterleibsspitze aus dem Wasser strecken und atmosphärische Luft atmen.
Kleinlibellenlarven erkennt man an den 3 schmal-blattförmigen Anhängen des Hinterleibs (auf dem Foto oben ist der dritte Anhang schlecht zu sehen!). Diese Anhänge haben wohl, neben der Enddarmatmung, eine gewisse Bedeutung für die Atmung; in der Hauptsache dienen sie jedoch als Ruderorgane beim Schwimmen. Kleinlibellenlarven sind zierlich gebaut, besonders der Hinterleib ist schmal. Ihre Entwicklung vom Ei bis zum Vollinsekt dauert in der Regel 1 Jahr.

Larve der Großlibellen Anisoptera

Die zweite große Untergruppe der Insektenordnung Libellen (Odonata) sind die Großlibellen. Großlibellenlarven (Foto unten) haben keine Ruderplättchen am Hinterleibsende, höchstens kurze Dornen. Sie sind plump gebaut, ihr Hinterleib ist breit und meist abgeflacht. Sehr interessant ist die Verwendung des Atemwassers zur Fortbewegung: Durch plötzliches Ausstoßen des Wassers aus dem Enddarm können sich Großlibellenlarven, wie von einer Rakete getrieben, ruckartig vorwärtsbewegen.
Die Entwicklungsdauer der Großlibellen beträgt nur in wenigen Fällen 1 Jahr, meist dauert sie 2 bis 3, manchmal sogar 4 oder 5 Jahre. In diesen Fällen überwintern die Larven eingegraben im Schlamm des Gewässerbodens.

Große Pechlibelle *Ischnura elegans*

Die Libellen gehören heute bei uns zu den am meisten gefährdeten Insekten. Von den 80 in Mitteleuropa vorkommenden Arten sind 50 (d.h. 62,5%) in der »Roten Liste« der Bundesrepublik aufgeführt. Davon sind 4 ausgestorben oder verschollen, 10 vom Aussterben bedroht, 17 stark gefährdet, 12 gefährdet und 7 als Vermehrungsgäste gefährdet. Dies ist fast ausschließlich auf die Zerstörung (Trockenlegung, Begradigung usw.) der Lebensräume der Libellen zurückzuführen.
Alle Libellen ernähren sich, wie ihre Larven, räuberisch. Mit ihren großen Komplexaugen können sie ihre Beute (alle möglichen Insekten, besonders aber Fliegen und Mücken) im Flug erkennen und mit ihren Beinen erfassen.
Die Große Pechlibelle zählt zu den Kleinlibellen. Diese erkennt man an ihrem schlanken, röhrenförmigen Hinterleib. Ihre Vorder- und Hinterflügel sind gleich in Größe und Form, sie liegen in Ruhestellung flach über dem Hinterleib oder werden schräg nach hinten ausgebreitet. Die Augen stoßen auf der Kopfoberseite nicht zusammen.
Die Große Pechlibelle fliegt von Mai bis September an stehenden oder langsam fließenden Gewässern mit reichlichem Pflanzenwuchs und ist fast überall häufig. Man kann sie gut an dem schwarzen Hinterleib mit einem hellblauen Ring im 8. Segment erkennen (vgl. Foto oben). Die Weibchen treten in verschiedenen Farbvariationen auf. Sie fliegen nach Auflösung des Paarungsrads (vgl. S. 60) allein zur Eiablage. Diese erfolgt (wie bei allen Kleinlibellen) in Stengel oder Blätter von Pflanzen, bevorzugt wird das Tausendblatt *(Myriophyllum).* In warmen Sommern kann die Große Pechlibelle 2 (selten sogar 3) Generationen pro Jahr ausbilden. Die ausgewachsenen Larven überwintern im Schlamm des Gewässergrunds.

Hufeisen-Azurjungfer *Coenagrion puella*

Auch diese Kleinlibelle findet sich häufig an stehenden oder langsam fließenden Gewässern, die eine reiche Krautschicht und flutende Schwimmpflanzen aufweisen. Sie hat nur 1 Generation pro Jahr und fliegt zwischen Mai und September. Die Männchen sind hellblau gefärbt mit einer schwarzen Zeichnung auf den Hinterleibssegmenten und einem schwarzen »Hufeisen« (Name!) auf dem 2. Segment. Die Weibchen haben eine grüngelbe bis braungelbe Grundfärbung, ihre Hinterleibszeichnungen sind ausgedehnter und dunkler als beim Männchen. Bei dieser Art füllen die Männchen schon vor der Partnersuche ihre Samentasche, die Eiablage erfolgt in Tandemstellung, wobei das Männchen über dem Weibchen steht. Die Weibchen gehen, im Gegensatz zu verwandten Arten, bei der Eiablage nicht unter Wasser. Diese erfolgt in verschiedene Wasserpflanzen, z.B. Tausendblatt *(Myriophyllum),* Laichkraut *(Potamogeton)* oder Seerosenblätter *(Nymphaea).* Die Eientwicklung dauert wenige Wochen, die Larven überwintern.

Gemeine Binsenjungfer *Lestes sponsa*

Dies ist eine der häufigsten Libellen Mitteleuropas; sie kommt in Gewässern aller Art vor, sofern senkrecht aus dem Wasser ragende Pflanzen (z. B. Binsen oder Simsen) vorhanden sind. Die Flugzeit ist Juni bis September. Die Männchen erkennt man an dem metallisch grün gefärbten Hinterleib, dessen vordere und hintere Segmente blau bereift sind (Foto oben rechts). Bei den Weibchen ist der Hinterleib oben kupfer- bis grünglänzend, unten violett gefärbt. Die Tiere sitzen in der Ruhe stets an senkrechtstehenden Pflanzenteilen, wobei ihr Körper einen Winkel von etwa 60 Grad zur Unterlage bildet. Zur Paarung ergreift das Männchen zunächst mit seinen Beinen ein Weibchen. Dann wird dieses mit den Haltezangen des männlichen Hinterendes am oder hinter dem Kopf erfaßt. So entsteht das »Tandem«, (Foto oben links), das man oft im Flug beobachten kann. Dann bringt das Männchen, ohne dabei das Weibchen loszulassen, durch Krümmung seines Hinterleibs nach unten seine im 9. Segment gelegene Geschlechtsöffnung zur Samentasche am 2. Segment und füllt diese mit Sperma (»Vorpaarung«). Danach streckt das Männchen seinen Hinterleib wieder gerade, während das Weibchen seinen Hinterleib nach unten krümmt und so seine im 9. Segment gelegene Geschlechtsöffnung zur Samentasche des Männchens bringt, wo sie sich verhakt. So entsteht das flugfähige »Paarungsrad« (vgl. Foto S. 67), das die Übertragung des Spermas auf das Weibchen ermöglicht. Bei Kleinlibellen findet die Paarung in der Regel im Flug statt, bei Großlibellen meist im Sitzen. Die Dauer der Paarung ist bei den Arten sehr unterschiedlich, sie kann nur wenige Sekunden, aber auch bis zu mehreren Stunden betragen.

Frühe Adonislibelle *Pyrrhosoma nymphula*

Diese Libelle, die durch ihre rote Färbung auffällt, findet sich fast überall häufig, weil sie nur geringe Ansprüche an ihren Lebensraum stellt. Allerdings scheint sie Gewässer zu bevorzugen, die mit Wasserlinsen *(Lemna)* bedeckt sind. Sie fliegt bei uns von Mai bis August. Der rot gefärbte Hinterleib trägt bei den Männchen nur auf den letzten, bei den Weibchen dagegen auf allen Segmenten eine schwarze Zeichnung.

Die Frühe Adonislibelle ist wenig fluglustig und sitzt meist mit halbgeöffneten Flügeln auf Pflanzen. Die Eiablage erfolgt (mit angekoppeltem Männchen) in Pflanzenstengel (Foto unten), wobei beide Partner unter die Wasserfläche gehen können. Alle Libellen, die ihre Eier in Pflanzengewebe ablegen (es sind dies alle Kleinlibellen, von den Großlibellen nur die meisten Arten der Gattung *Aeshna*), haben am Körperhinterende einen kompliziert gebauten Legebohrer, mit dessen Hilfe die Eier in das Pflanzengewebe, z. T. sogar in morsches Holz, eingeführt werden können. Bevorzugte Eiablagepflanzen der Frühen Adonislibelle sind u. a. Wasser-Minze *(Mentha)*, Laichkraut *(Potamogeton)*, Hornblatt *(Ceratophyllum)* und Froschbiß *(Hydrocharis)*.

Plattbauch *Libellula depressa*

Bei den Großlibellen – die im folgenden besprochenen Arten gehören zu dieser Gruppe – unterscheiden sich, wie der wissenschaftliche Name Anisoptera (= Ungleich-Flügler) besagt, Vorder- und Hinterflügel; letztere sind an ihrer Basis stark nach hinten verbreitert. In Ruhehaltung werden die Flügel waagrecht seitwärts vom Körper ausgestreckt. Die Augen stoßen meist auf der Kopfoberseite zusammen; der Hinterleib ist deutlich kräftiger gebaut als bei den Kleinlibellen, zuweilen ist er sogar verbreitert. Dies gilt z. B. für den Plattbauch, der häufig an pflanzenarmen Teichen mit freien Uferflächen vorkommt. Oft findet man ihn daher an neu angelegten Gewässern. Die Flugzeit dauert von Mai bis Juli. Beide Geschlechter sind an den dunkelbraun gefärbten Flügelbasen sowie an dem breiten, abgeplatteten Hinterleib (Name!) zu erkennen, der bei den Männchen wachsblau mit gelbem Seitenrand (Foto oben), bei den Weibchen meist olivbraun gefärbt ist.
Der Plattbauch ist einer der besten Flieger unter den Libellen, die ohnehin alle sehr gut und elegant fliegen können: Er kann fast unvermittelt vom reißenden Vorwärtsflug zum Schwirren auf der Stelle wechseln. Während alle übrigen flugfähigen Insekten ihre Flügel indirekt, d. h. durch Verformung des Brustpanzers, bewegen (wobei Vorder- und Hinterflügel gleichsinnig schlagen), haben die Libellen eine Flugmuskulatur, die direkt an den Flügelbasen ansetzt. Sie können daher Vorder- und Hinterflügel gegensinnig (alternierend) bewegen und sind so zu sehr komplizierten Flugmanövern fähig – sie können sogar rückwärts fliegen! Das Weibchen des Plattbauchs legt seine Eier ins Wasser. Die Eientwicklung dauert etwa 4 Wochen. Die meist am Gewässerrand im Schlamm lebenden 10 Larvenstadien benötigen 2 Jahre zur Entwicklung.

Vierfleck *Libellula quadrimaculata*

Diese weit verbreitete Art (Foto unten) bevorzugt allerlei Kleingewässer, sofern sie nicht zu dicht bewachsen sind. Sie fliegt von Mai bis Juli. Männchen und Weibchen haben in der Mitte des Vorderrands aller Flügel einen auffallenden schwarzen Fleck (Name!). Die Färbung beider Geschlechter ist gelbbraun bis braunoliv, das Hinterleibsende ist dunkel. Aus den ins Wasser abgelegten Eiern schlüpfen nach etwa 7 Wochen die Larven, die für ihre Entwicklung 2–3 Jahre benötigen. Der Vierfleck bildet manchmal riesige Verbände von Millionen von Tieren, die weite Wanderungen durchführen können. Man hat (das ist allerdings schon lange her!) Wanderzüge von mehreren Kilometern Länge und mehreren hundert Metern Breite beobachtet, die in wenigen Metern Höhe flogen. Bei diesen Wanderungen können große Entfernungen zurückgelegt und sogar Meere überquert werden.

Blaugrüne Mosaikjungfer *Aeshna cyanea*

Diese Art fliegt zwischen Juni und Oktober. Sie kommt häufig an Tümpeln, Teichen und Seen vor – dabei bevorzugt sie kleine und kleinste Gewässer. Die Unterscheidung von anderen, ähnlichen *Aeshna*-Arten ist nicht ganz einfach. Kennzeichnend sind: eine umgekehrt T-förmige schwarze Zeichnung auf der Stirn vor den Augen, der Brustabschnitt ist seitlich großenteils grüngelb, der Hinterleib trägt oben blaugrüne Doppelflecken (Name!), am Hinterende liegen drei himmelblaue Flecken (Foto oben).
Die Männchen dieser Art patrouillieren auf der Suche nach paarungsbereiten Weibchen zwischen mehreren Gewässern hin und her. Die Eiablage erfolgt vorzugsweise in Kleinstgewässern. Die Eier werden in Moos, verwelkte oder faulende Pflanzenteile, oft auch in morsches Holz (Foto unten links) abgelegt; dabei taucht der Hinterleib des Weibchens nur selten ins Wasser. Die Eier überwintern; erst im April bis Mai des nächsten Jahres schlüpft die sogenannte Vorlarve. Dieses Stadium, das bei allen Libellen vorkommt, kann sich (wenn die Eier außerhalb des Wassers abgelegt wurden) durch schnellende Körperbewegungen ins Wasser katapultieren, wo es sich sofort zur ersten »richtigen« Larve häutet. Die Larvenentwicklung dauert 2 oder 3 Jahre; in dieser Zeit erfolgen etwa 10 Häutungen. Ältere Larven vergreifen sich gelegentlich an Jungfischen und Kaulquappen. Da ihr angeborenes Beutespektrum aber nur bis zu einer Beutelänge von etwa 35 mm reicht, fallen ihnen meist nur schwache, in der Entwicklung zurückgebliebene Tiere zum Opfer. Dieser »Schaden« wird übrigens dadurch wettgemacht, daß die Larven auch sehr gerne Stechmückenlarven fressen und dadurch dem Gartenteichbesitzer eine ungestörte Nachtruhe verschaffen.

Braune Mosaikjungfer *Aeshna grandis*

Dies ist die häufigste und schönste *Aeshna*-Art Mitteleuropas. Sie ist nicht sehr wählerisch bezüglich ihres Lebensraums und kann Heidetümpel und Flachmoore, aber auch Gräben, Tümpel und Kleinteiche besiedeln. Die Flugzeit dauert von Juni bis September. An der rostroten bis braunen Färbung von Körper und Flügeln ist diese Libelle leicht zu erkennen (Foto unten rechts). Auf dem Hinterleib sind kleine blaue Flecken, der Brustabschnitt trägt jederseits zwei schräge gelbe Bänder, die Flügelbasen sind blau. Die Braune Mosaikjungfer fliegt tagsüber fast ununterbrochen und hat ein großes Flugrevier. Sie kann ausgezeichnet segeln und unterbricht ihren Segelflug nur gelegentlich durch eine kurze Serie von Flügelschlägen. Die Eier werden in morsches Holz oder andere angefaulte Pflanzenteile (z. B. Seerosenstengel) gelegt. Dabei krümmt das Weibchen den Hinterleib stark nach unten, bohrt ein Ei ein, streckt dann den Hinterleib etwas weiter aus, um ein weiteres Ei einzubohren usw., bis schließlich der Hinterleib ganz gestreckt ist. Die Eier überwintern, die Gesamtentwicklung dauert 2 oder 3 Jahre.

Gemeine Heidelibelle *Sympetrum vulgatum*

Diese häufige Großlibelle fliegt von Juli bis Oktober an Teichen, Tümpeln, Seen und Wiesengräben. Bei den Männchen ist der Hinterleib rot, bei den Weibchen dagegen goldbraun gefärbt. Beide Geschlechter haben an den Flügelwurzeln einen roten Fleck. Diese Art bleibt meist in Gewässernähe. Die Paarung erfolgt im Sitzen an Pflanzen (Foto oben) und dauert nur etwa 5–10 Minuten. Anschließend löst das Weibchen das Paarungsrad auf und beide Tiere fliegen in wellenförmigem Tandemflug zur Eiablage. Diese erfolgt, wie bei den meisten Großlibellen, ins Wasser. Bevorzugt werden dabei die Uferregion und der Rand von Schilfflächen. Bei der Eiablage steht das schwirrende Tandem fast senkrecht in der Luft. Das Weibchen kann die Eier auf das Wasser abwerfen oder diese durch kurzes Eintauchen der Hinterleibsspitze direkt ins Wasser abgeben. Die Eier sinken auf den Gewässerboden, bis zum Schlüpfen der Vorlarve vergehen 4–6 Wochen. Die Larven überwintern im 4. Stadium. Wenn die Eiablage allerdings erst im Spätherbst erfolgt, überwintern die Eier. Die Larven vergraben sich meist im Schlamm und sehen deshalb sehr »schmutzig« aus. Die gesamte Entwicklung dauert 1 Jahr.

Ein wichtiger Schritt in der Entwicklung der Libellen ist der Übergang von der wasserlebenden Larve zum luftbewohnenden Vollinsekt (der sogenannten Imago). Dieser Schritt findet während der letzten Häutung statt, die im Sommer (häufig nachts oder am Morgen) erfolgt. Das letzte Larvenstadium, unter dessen Haut sich schon die noch weiche Haut des Vollinsekts gebildet hat, verläßt das Wasser und klettert ein Stück an Schilf oder anderen Pflanzen hoch, wo es sich mit seinen Beinkrallen fest verankert. Wenig später platzt die Larvenhaut auf dem Rücken, und zunächst der Kopf, dann die Brust der Imago schieben sich aus dem Spalt. Anschließend werden die Beine nachgezogen. Der schwere und noch weiche Vorderkörper der Libelle kippt nun, seines Haltes beraubt, nach hinten. Erst wenn die Beine ausgehärtet sind, richtet sich der Vorderkörper ruckartig wieder auf und die Beinkrallen der Imago verhaken sich an der Pflanze. Erst jetzt kann der Hinterleib aus der Larvenhaut gezogen werden und sich zu seiner endgültigen Länge strecken (bei dem Tier ganz rechts auf dem Foto hat dieser Vorgang erst begonnen). Die zunächst noch dicht gefalteten Flügel werden erst durch den Binnendruck der Körperflüssigkeit allmählich zu ihrer vollen Größe entfaltet, sie benötigen aber noch einige Zeit, bis sie ausgehärtet und damit funktionsfähig sind. Die gesamte Verwandlung dauert (je nach Art) etwa 2–4 Stunden. Bei der Gemeinen Heidelibelle (Foto unten) dauert dieser Vorgang nur knapp 2 Stunden, die endgültige Ausfärbung der Imago ist aber erst nach etwa 2 Wochen erreicht. Die leeren Larvenhäute (Exuvien) bleiben, an der Pflanze festgeklammert, zurück. Man kann an ihnen gut Bau und Funktionieren der Fangmaske (vgl. S. 56) studieren – man braucht also zu diesem Zweck keine lebende Larve zu quälen.

Gewöhnlicher Wasserläufer *Gerris lacustris*

Wasserläufer gehören zu den Wanzen. Diese Feststellung mag den erstaunen, der bei »Wanzen« zunächst an Ungeziefer oder Schädlinge denkt. In diesem Fall haben aber wenige Vertreter eine große Insektenordnung »in Verruf« gebracht, zu der auch sehr viele nützliche oder auffällig gefärbte Formen gehören. Die Wasserläufer haben sich die Wasseroberfläche als Lebensraum erobert. Es gibt bei uns 11 Arten, die alle möglichen Gewässertypen besiedeln, vorzugsweise jedoch auf Stillgewässern vorkommen. Die einzelnen Arten sind nur schwer zu unterscheiden, bei weitem am häufigsten ist der Gewöhnliche Wasserläufer. Er erreicht eine Körperlänge von 10 mm und ist auch auf Gartenteichen ein beinahe regelmäßiger Gast.
Mit ihren langen Mittel- und Hinterbeinen gleiten die Wasserläufer flink über die Wasseroberfläche, wobei insbesondere die Mittelbeine für den Vortrieb sorgen. Getragen werden die Tiere von der Oberflächenspannung des Wassers, zusätzlich verhindert die wasserabstoßende feine Behaarung das Einsinken. Beim genauen Hinsehen erkennt man leicht die »Dellen«, die durch das Gewicht des Tieres auf der Wasseroberfläche dort verursacht werden, wo die Füße aufsetzen (vgl. Foto). Wird durch irgendeine Substanz, z.B. Spülmittel, die Oberflächenspannung des Wassers verringert, sinken die Tiere und ertrinken, wenn sie nicht rechtzeitig flüchten können. Wasserläufer sind flugfähig und besiedeln auf diese Weise neu angelegte Gewässer. Allerdings können nicht alle Tiere fliegen. Neben solchen mit voll ausgebildeten Flügeln gibt es andere mit Stummelflügeln oder vollständig flügellose Exemplare. Auch diese Tiere sind voll ausgewachsen und keine Larven mehr. Letztere kann man an dem deutlich kürzeren hinteren Beinpaar, insbesondere aber an dem verkürzten Hinterleib erkennen. Larven besiedeln oft in großen Scharen die Wasseroberfläche. In 5 Häutungen entwickeln sie sich zum Vollinsekt (Imago), dem sie dabei immer ähnlicher werden (unvollständige Verwandlung, vgl. S. 56). Wasserläufer ernähren sich von Tieren, die auf der Wasseroberfläche treiben.

Gewöhnlicher Teichläufer *Hydrometra stagnorum*

Weniger häufig, wenngleich nicht selten, sieht man die schlanken Teichläufer. Sie fallen durch ihren langgestreckten, nadeldünnen, bis 12 mm langen Körper auf und den staksigen Gang. Auch sie leben auf der Wasseroberfläche, sind aber weniger als die Wasserläufer an das Wasser gebunden, d.h., sie verbringen auch eine gewisse Zeit an Land oder auf Schwimmblättern. Den Winter über verbergen sie sich in einem Versteck an Land, wie dies auch die Wasserläufer tun. In der Ernährung ähneln die Teichläufer den Wasserläufern: Sie saugen Tiere aus, die sie auf der Wasseroberfläche finden. Es gelingt ihnen aber auch, Tiere aus dem Wasser zu ergreifen, etwa eine Mückenlarve, wenn sie zum Luftschöpfen an der Wasseroberfläche hängt.

Ruderwanze *Corixa* spec.

Die Ruderwanzen gehören zu den echten Wasserwanzen, d.h. sie leben im Unterschied zu den Wasserläufern direkt im Wasser. Es gibt bei uns über 30 Arten, die sich meist sehr ähnlich sind und nur von Spezialisten unterschieden werden können. Die Vertreter der Gattung *Corixa* können bis 15 mm lang werden und gehören zu den größeren Arten der Familie, weit häufiger werden wir jedoch in einem Gartenteich Tiere finden, die lediglich 7–8 mm messen. Auffälliges Merkmal der meisten Ruderwanzen ist ihr flacher, langgestreckter, bootförmiger Körper, der die Tiere befähigt, blitzschnell durchs Wasser zu gleiten. Dies ermöglichen die kräftigen, mit langen Schwimmborsten versehenen Hinterbeine. Die langen Mittelbeine tragen kräftige Klauen, mit deren Hilfe sich die Tiere am Boden oder in Wasserpflanzen verankern. Typischerweise besitzen Ruderwanzen eine helle Unterseite und eine gelbliche Oberseite, die mehr oder weniger intensiv mit schwarzen Sprenkeln und Linien übersät ist. Diese sind so fein und dicht angeordnet, daß man die Oberseite oft als einheitlich dunkel empfindet.
Ruderwanzen kommen zum Luftholen mit dem Vorderkörper an die Wasseroberfläche. Da der Vorgang blitzschnell abläuft – der Kontakt mit der Wasseroberfläche dauert weniger als 1 Sekunde –, ist er jedoch schwer zu beobachten. Der Luftvorrat wird vor allem unter die Flügeldecken aufgenommen, aber auch die gesamte Bauchseite glänzt durch eine umhüllende Luftschicht silbrigweiß. Ruderwanzen sind sehr gute Flieger. Um zu starten, müssen sie nicht erst das Wasser verlassen: Sie schwimmen mit kräftigen Stößen, unterstützt durch ihren Auftrieb, zur Wasseroberfläche, durchstoßen diese, breiten sofort ihre Flügel aus und fliegen davon. Die Männchen vieler Ruderwanzen können zirpen, weshalb sie auch Wasserzikaden genannt werden. Die Ernährung der Ruderwanzen ist recht vielfältig. Bei der Nahrungssuche durchwühlen sie bevorzugt mit ihren Vorderbeinen den Boden. Sie können aber auch mit ihrem kurzen Rüssel Pflanzenzellen, besonders von Fadenalgen, aussaugen; nicht selten erbeuten sie aber auch kleine Wassertiere.

Schwimmwanze *Ilyocoris cimicoides*

Die bis zu 15 mm langen Schwimmwanzen können bei flüchtiger Betrachtung leicht mit einem Wasserkäfer verwechselt werden. Man erkennt aber bei genauem Hinsehen die zu kräftigen, klappmesserartig einschlagbaren Fangbeinen umgebildeten Vorderbeine und den für Wanzen so typischen Saugrüssel. Vorsicht: Mit ihm können Schwimmwanzen auch Menschen empfindlich stechen, wenn man sie in die Hand nimmt! Sie sind gewandte Schwimmer, die auf allerlei kleine Wassertiere Jagd machen. Zum Luftholen kommen die Schwimmwanzen mit dem Hinterleib an die Wasseroberfläche. Am liebsten halten sie sich im dichten Pflanzengewirr auf. Sie können hier, eingegraben im Gewässerboden oder sogar an Land überwintern.

Wasserskorpion *Nepa cinerea*

Die Tiere erinnern mit ihrem flachen, breiten Körper, den klappmesserartig einschlagbaren Fangbeinen und ihrem langen Atemrohr tatsächlich etwas an einen Skorpion. Auch sie gehören jedoch zu den Wasserwanzen. Der Wasserskorpion wird – ohne Atemrohr gemessen – etwa 20 mm lang. Durch seinen Körperbau ist er bestens an das Leben im flachen Wasser, meist ganz dicht am Ufer, angepaßt. Hier sitzen die Tiere meist halb im Schlamm eingegraben und lauern auf Beute. Nur ihr Atemrohr durchbricht die Wasseroberfläche zum Luftschöpfen. Auf diese Weise hervorragend getarnt, können sie stundenlang ausharren – die Fangbeine stets weit geöffnet. Gerät dann zufällig ein Beutetier, etwa eine Stechmückenlarve, in den Aktionsbereich der Fangbeine, schlagen diese blitzschnell zu. Der Wasserskorpion sticht seinen Rüssel an einer weichen Stelle in die Beute, um sie auszusaugen. Die einzelnen Stechborsten des Rüssels sind äußerst kompliziert gebaut. Sie dienen zum Durchbohren der Beute, der Abgabe von Sekreten und dem Aussaugen der Körperflüssigkeit, sind aber auch äußerst beweglich, so daß der Räuber mit ihrer Hilfe alle Teile der Beute vollständig aussaugen kann. Nach etwa 10 Minuten ist der Freßvorgang beendet. Er kann bei anderen Wasserwanzen aber noch wesentlich länger dauern – bis zu 200 Minuten wurden bei hungrigen Ruderwanzen registriert. Den typischen Stech-/Saug-Rüssel haben neben den Wanzen auch Zikaden und Pflanzenläuse. Sein schnabelförmiges Aussehen brachte diesen Gruppen den gemeinsamen Namen Schnabelkerfe ein.
Wasserskorpione sind bei uns weit verbreitet, obwohl man sie nur schwer entdeckt. In einem Gartenteich werden sie sich freilich nur dann einfinden, wenn dieser die von ihnen bevorzugten seichten Uferbereiche aufweist.

Stabwanze *Ranatra linearis*

Ebenfalls weit verbreitet, wenngleich nicht ganz so häufig ist die Stabwanze. Mit ihrem schlanken, halmartigen Körper, den langen, staksigen Mittel- und Hinterbeinen und ihren auffälligen Fangbeinen erinnert sie sehr an eine Fangschrecke (z.B. Gottesanbeterin). Sie wird etwa 35 mm lang, nochmals fast ebensolang ist das auffällige Atemrohr. Ihr Lebensbereich sind die Wasserpflanzen dicht unter der Oberfläche, zwischen denen sie hervorragend getarnt ist. Mit ihrem Atemrohr, das ebenso wie bei *Nepa* aus 2 Hälften zusammengesetzt ist, erreicht sie auch aus »größerer« Tiefe noch die Wasseroberfläche. Auch sie lauert kleinen Wassertieren auf. Im Frühsommer (Juni) legen Stabwanzen ihre Eier in abgestorbene Pflanzenteile ab. Dort sind diese gut geschützt, lediglich 2 fadenförmige Atemanhänge ragen heraus. Die Eier des Wasserskorpions, die auf ähnliche Weise abgelegt werden, besitzen 6–9 solcher »Fäden«. Die schlüpfenden Larven ähneln bereits den erwachsenen Tieren und entwickeln sich über 5 Häutungen zum Vollinsekt.

Gewöhnlicher Rückenschwimmer *Notonecta glauca*

Der Rückenschwimmer zählt zu unseren bekanntesten Wasserwanzen. Dies liegt zum einen an seiner großen Häufigkeit, zum anderen an seinem charakteristischen Aussehen und dem ganz typischen Verhalten, »auf dem Rükken« zu schwimmen. Bei uns gibt es 6 verschiedene Arten, die jedoch sehr ähnlich aussehen, so daß es schwer ist, sie zu unterscheiden. Der Gewöhnliche Rückenschwimmer wird bis 16 mm lang; sein Rücken ist gelblich oder rötlich gefärbt und oft mehr oder weniger intensiv schwarz marmoriert (Foto unten links); die Unterseite wirkt dunkelbraun bis schwarz. Oft schimmern Rückenschwimmer auch grün, besonders am Kopf. Dank seiner langen, kräftigen Schwimmbeine, dem hinteren Beinpaar, ist der Rückenschwimmer ein ausgezeichneter Schwimmer. Etwa 3700 Schwimmhaare spreizen sich bei jedem Ruderschlag an jedem Hinterbein ab und ermöglichen so einen enormen Vortrieb. Zum Luftholen hängt der Rückenschwimmer mit Vorder- und Mittelbeinen an der Wasseroberfläche (die Schwimmbeine sind weit abgespreizt) und berührt mit der Hinterleibsspitze die Oberfläche, um Luft aufzunehmen (Foto oben). Diese sammelt sich insbesondere in 2 Längsrinnen bauchseits am Hinterleib, die von langen Haarreihen gebildet werden. Hierdurch erhält die Bauchseite starken Auftrieb, weshalb die Tiere auf dem Rükken schwimmen.

Rückenschwimmer leben räuberisch. Sie machen Jagd auf allerlei Wassergetier (vor allem Insektenlarven, aber auch Kaulquappen und kleine Fische). Der Stich ihres Rüssels ist auch für den Menschen sehr schmerzhaft (der Rückenschwimmer wird deshalb in manchen Gegenden auch Wasserbiene genannt). Rückenschwimmer sind ausgezeichnete Flieger. Sie können von Land, aber auch von der Wasseroberfläche aus starten. Ihre Eier legen sie in Pflanzengewebe ab, nach der Eiablage sterben die Tiere.

Zwergrückenschwimmer *Plea leachi*

Der Zwergrückenschwimmer ist in seiner Schwimmweise, wie der Name schon ausdrückt, ein kleiner Verwandter seines großen Namensvetters. Die Tiere sind jedoch viel kleiner, nur 2–3 mm lang, mit hoch aufgewölbtem gelblichgrauem Rücken und in ihrem Erscheinungsbild unverkennbar (Foto unten rechts). Sie schwimmen nur mäßig gut, sind aber gefräßige Räuber, die vor allem Jagd auf Wasserflöhe machen. Manchmal fallen ihnen aber auch Beutetiere zum Opfer, die wesentlich größer sind als sie selbst. Wie alle hier besprochenen Wasserwanzen leben auch Zwergrückenschwimmer in stehenden Gewässern, vorzugsweise in kleinen, pflanzenreichen Tümpeln. Gebietsweise kommen sie häufig vor und können dann auch leicht in einen Gartenteich einfliegen. Die Weibchen legen ihre Eier im späten Frühjahr in Pflanzengewebe ab. Nach etwa 3 Wochen schlüpfen die Larven und haben sich bereits bis August zum ausgewachsenen Insekt entwickelt.

Wassertreter *Haliplus ruficollis*

Zur Familie der Wassertreter gehören bei uns 20 Arten, die sich alle sehr ähnlich sehen. Es sind kleine Käfer von etwa tropfenförmiger Gestalt. Sie sind gelbbraun gefärbt, mit verlaufenden schwarzen Punkten und Längslinien. Typisch ist die Schwimmweise: Die Beine jedes Paares werden alternierend, also nicht gleichzeitig bewegt, so daß ein wenig elegantes Paddeln zustande kommt (deshalb der Name Wasser»treter«), und die Tiere sich nicht sonderlich schnell, eher etwas unbeholfen fortbewegen.
Die allgemeine Charakterisierung der Wassertreter gilt auch für *Haliplus ruficollis.* Dieser Käfer wird knapp 3 mm lang und ist in nährstoff- und algenreichen Stillgewässern überall häufig, auch in Gartenteiche wandert er öfter ein. Die Tiere leben am liebsten zwischen Wasserpflanzen oder in einem dichten Geflecht von Algenfäden, von denen sie sich auch ernähren. Zum Atmen kommen sie mit der Hinterleibsspitze an die Wasseroberfläche. Die sehr schlanken Larven leben zwischen Algenfäden, die sie mit ihren von einem Längskanal durchbohrten Kiefern aussaugen.

Gewöhnlicher Taumelkäfer *Gyrinus substriatus*

Zu den bekanntesten und auffälligsten Wasserkäfern gehören die Taumelkäfer. Schon von weitem kann man sie manchmal auf einem sonnigen Wiesengraben erkennen, wenn sie ungleichmäßig und rasend schnell ihre Kreise auf der Wasseroberfläche ziehen und dabei im Sonnenlicht glitzern. Kommt man näher, tauchen die scheuen Tiere meist blitzschnell ab, und nichts verrät mehr ihre Anwesenheit. Auch unter Wasser können sich Taumelkäfer äußerst schnell fortbewegen. Sie besitzen schaufelförmig umgebildete Mittel- und Hinterbeine, die außergewöhnlich gut an die Strömungsverhältnisse im Wasser angepaßt sind. Hauptruder sind die Hinterbeine, die 50–60mal pro Sekunde schlagen und so die schnellen Bewegungen ermöglichen. An die Lebensweise an der Wasseroberfläche sind die Augen besonders angepaßt. Sie werden durch die Fühler in 2 Hälften unterteilt; die eine Hälfte liegt unter Wasser und erlaubt es den Tieren, den Wasserraum zu beobachten, mit der anderen, oberen Hälfte des Auges überblicken sie den Luftraum. Zusätzlich ermöglicht ihnen ein besonderes Organ in den Fühlern, feinste Erschütterungen der Waseroberfläche wahrzunehmen.
Der glänzend schwarze Gewöhnliche Taumelkäfer wird 5–7 mm lang und bewohnt stehende oder langsam fließende, meist pflanzenreiche Gewässer. Die Tiere fliegen gut. Beim Tauchen müssen sie sich an Wasserpflanzen festklammern, da sie leichter als Wasser sind und sonst wie ein Kork nach oben treiben würden. Sie ernähren sich überwiegend von Insekten, die auf die Wasseroberfläche gefallen sind, aber auch von kleinen Wassertieren, die sie mit ihren Vorderbeinen ergreifen. Die schlanken Larven besitzen Tracheenkiemen an ihren Hinterleibssegmenten und ernähren sich räuberisch.

Kugelschwimmer *Hyphydrus ovatus*

Der Kugelschwimmer gehört zu den Schwimmkäfern, der größten und bekanntesten Gruppe wasserbewohnender Käfer, zu der die im folgenden besprochenen Arten bis hin zum Gelbrand gehören. Schwimmkäfer sind meist flache, fast stromlinienförmige Käfer, die ausgezeichnet schwimmen können. Dabei schlagen sie mit ihren kräftigen, abgeplatteten Hinterbeinen gleichzeitig. Diese sind mit langen Schwimmhaaren besetzt, die sich beim Schlagen fächerartig abspreizen. Zum Luftholen kommen die Käfer mit der Hinterleibsspitze an die Wasseroberfläche, der Hauptluftvorrat wird unter den Flügeldecken gespeichert. Häufig sieht man – insbesondere bei kleineren Arten –, daß an der Hinterleibsspitze eine kleine Luftblase austritt, die sich jedoch nicht loslöst, sondern wieder eingezogen werden kann. Dieses Verhalten dient dem Gasaustausch (Sauerstoffaufnahme bzw. Kohlendioxidabgabe) mit dem Wasser. Besonders im Winter, wenn eine Eisschicht den Weg zur Wasseroberfläche versperrt, wird so ein Überleben gewährleistet.
Der Kugelschwimmer ist allerdings in bezug auf seine Körperform und die eher langsame Schwimmweise alles andere als ein typischer Schwimmkäfer. Die rotbraunen bis rostroten, etwa 5 mm langen Käfer sind gedrungen kurzoval und stark aufgewölbt, also fast kugelförmig (Name!), ein unverwechselbares Kennzeichen. Sie kommen vor allem in pflanzenreichen Tümpeln und Weihern vor, besiedeln gern Moorgewässer, werden aber auch in Fließgewässern oder im Brackwasser gefunden. Eine Art mit derart wenig spezialisierten Ansprüchen an den Lebensraum bezeichnet man als Ubiquist. Der Kugelschwimmer ist überall häufig und wird sicher auch öfter in einem Gartenteich gefunden. Ebenfalls leicht zu erkennen sind die 7–8 mm langen Larven, die Hüpferlingen, Wasserasseln und anderen Kleintieren nachstellen. Sie sind überwiegend dunkel graubraun, vorn, in der Körpermitte und hinten erkennt man je ein auffälliges helles Querband. Wie alle Schwimmkäferlarven kommen sie zum Luftschöpfen mit der Hinterleibsspitze an die Wasseroberfläche, manche Arten sind auch zur Hautatmung (vgl. S. 28) befähigt.

Hygrotus inaequalis

»Typische« kleine Schwimmkäfer von reichlich 3 mm Länge, breit-ovale Gestalt, Oberseite rötlichgelb mit variabler schwarzer Zeichnung. So oder ähnlich sieht eine Vielzahl von kleinen Schwimmkäfern aus, die meist nur von Spezialisten unterschieden werden können – wenngleich einige Arten an der Kombination Körperform und Färbung durchaus auch im Freien erkannt werden können. *Hygrotus inaequalis* ist einer der häufigsten Vertreter aus dieser Gruppe und sicher auch oft in einem Gartenteich zu finden. Die Tiere leben ansonsten in vielerlei stehenden oder fließenden, meist pflanzenreichen Gewässern wie Teichen, Tümpeln, Gräben oder stillen Buchten von Flüssen und Seen.

Zwergschwimmer *Hydroporus palustris*

Der Zwergschwimmer gehört zur artenreichsten Gattung der Schwimmkäfer: Von etwa 150 in Mitteleuropa bekannten Schwimmkäfern gehören 34 zur Gattung *Hydroporus.* Entsprechend schwer sind die einzelnen Arten zu unterscheiden. *Hydroporus palustris* wird 3–4 mm lang, hat einen lang-ovalen Körperumriß und besitzt auf dunkelbraunem Grund eine auffällige gelbliche Fleckung: Der Halsschild ist breit gelblichrot gerandet, diese Binde ist in der Mitte etwas nach innen erweitert. Ebenso sind die Flügeldecken hell gesäumt; kurz hinter dem Halsschild verläuft eine helle Binde schräg nach hinten, und am Hinterende wird die Randbinde meist fleckenartig breiter. Der Zwergschwimmer ist bei uns sehr häufig und wandert auch oft in Gartenteiche ein. Er lebt in kleinen, pflanzenreichen Tümpeln und Teichen, besiedelt aber auch Wiesengräben, Bäche und Flüsse, ist also ein typischer Ubiquist (vgl. S. 78). Da die Tiere auch sehr kleine Tümpel bewohnen, kann es vorkommen, daß einmal das Wohngewässer austrocknet. In diesem Fall verlassen nicht alle Tiere den Lebensraum, um ein neues Gewässer aufzusuchen. Vielmehr verharren einige im feuchten Boden, unter Blättern oder anderen Pflanzenteilen verborgen, um die Trockenheit zu überstehen. Solches Verhalten ist auch von etlichen anderen Arten bekannt.
Zwergschwimmer ernähren sich von allerlei kleinen Wassertieren, besonders gern fressen sie Wasserflöhe. Sie sind gewandte Schwimmer, die – im Verhältnis zur Körpergröße – schneller und vor allem ausdauernder schwimmen als z. B. ein Gelbrand, d. h. sie legen eine Strecke, die ihrer Körperlänge entspricht, in der gleichen Zeit öfter zurück als letzterer. Auch die Schlagfrequenz der Schwimmbeine ist mit 16 Schlägen pro Sekunde 8mal höher als beim Gelbrand (2 Schläge pro Sekunde). Allerdings sind große Arten wie der Gelbrand zu plötzlichen, sehr schnellen Schwimmstößen befähigt. Der Zwergschwimmer legt seine Eier an Waserpflanzen ab. Die Larven schwimmen nicht gut, sondern klettern vor allem im Pflanzengewirr herum. Ihre Nahrung ist ähnlich wie die der erwachsenen Käfer. Besonders gern fressen sie Hüpferlinge und Stechmückenlarven.

Grundschwimmer *Laccophilus hyalinus*

Der Grundschwimmer wird etwa 4,5 mm lang, ist besonders flach und hat eine gelblich-braune, fleckige Flügelzeichnung. Es gibt noch 2 weitere ähnliche Arten bei uns. Sie alle sind an folgendem Verhalten leicht zu erkennen: Legt man die Tiere ins Trockne, so können sie plötzlich (auch aus der Rükkenlage) 5–6 cm hoch und 10–15 cm weit schnellen. (Schnellkäfer zeigen ein ähnliches Verhalten, wenn sie auf dem Rücken liegen, sind aber nicht mit dem Grundschwimmer verwandt.) Der Grundschwimmer lebt in stehenden Gewässern, meist im dichten Gewirr von Wasserpflanzen. Er ernährt sich räuberisch von kleinen Wassertieren, insbesondere von Insektenlarven.

Schnellschwimmer *Agabus* spec.

Schnellschwimmer (Foto oben links) sind mittelgroße Schwimmkäfer mit der typischen strömungsgünstigen Körperform dieser Familie. Da die meisten der 27 bei uns vorkommenden Arten der Gattung *Agabus* völlig schwarz sind, ist ihre Bestimmung recht schwer. In einem Gartenteich wird man am ehesten den etwa 10 mm langen *Agabus bipustulatus* antreffen, eine bei uns sehr häufige Art. Die Tiere kommen in Tümpeln aller Art vor, gern über schlammigem Grund, aber auch in Seen, Wiesengräben oder Bächen. Die Käfer und ihre Larven ernähren sich vor allem von Kaulquappen, Wasserasseln, Würmern und Insektenlarven. Die Eier werden an Wasserpflanzen abgelegt. Die Larven gehören zum kriechenden Typ ohne Schwimmhaare und krabbeln zwischen Wasserpflanzen auf der Suche nach Beutetieren.

Furchenschwimmer *Acilius sulcatus*

Der Furchenschwimmer besitzt auf gelbem Grund dicht schwarz gesprenkelte Flügeldecken, so daß diese recht dunkel wirken; die Unterseite ist überwiegend schwarz. Der Körper ist breit-oval und stark abgeflacht. Charakteristisch ist die gelb-schwarze Zeichnung von Kopf und Halsschild (vgl. Foto), so daß man die 16–18 mm langen Käfer recht leicht erkennen kann. Wie beim Gelbrand unterscheiden sich Männchen (Foto unten) und Weibchen durch unterschiedliche Ausbildung von Flügeldecken und Vorderbeinen (vgl. S. 84). Die Flügeldecken der Weibchen besitzen je 4 deutlich behaarte Längsfurchen (Name!).
Der Furchenschwimmer ist ein ausgezeichneter Schwimmer. Er bewohnt vorwiegend Stillgewässer wie Weiher, moorige Tümpel und Gräben, seltener auch Fließgewässer. Die Nahrung bilden lebende und tote Wassertiere, z. B. Insektenlarven und Kaulquappen. Interessant ist das Eiablageverhalten der Art. Die Weibchen legen ihre Eier nämlich über dem Wasserspiegel ab, besonders in Ritzen oder unter die Rinde von aus dem Wasser ragenden morschen Baumstämmen und Zweigen, in Moospolster usw. Die langgestreckten Eier werden in kleinen Haufen zu 30–50 Stück abgelegt. Ein Weibchen kann insgesamt bis 500 Eier produzieren. Die schlüpfenden Larven begeben sich sogleich ins Wasser. Wie alle Schwimmkäferlarven durchlaufen sie bis zur Verpuppung 3 Larvenstadien, wobei sie auf knapp 3 cm Länge heranwachsen. Auch die Larven (Foto oben rechts) sind sehr gute Schwimmer: Alle Beine besitzen lange Säume von Schwimmhaaren, ebenso das Ende des Hinterleibs. Durch kräftiges Schlagen des Hinterkörpers können die Tiere regelrechte Purzelbäume schlagen oder blitzschnell durchs Wasser schießen. Meist paddeln sie aber gemächlich umher oder schweben im Wasser. Sie ernähren sich überwiegend von Kleinkrebsen, am liebsten fressen sie Wasserflöhe. Zur Verpuppung gehen sie an Land und bauen sich unter Steinen oder Pflanzenresten ihre Puppenwiege.

Gelbrand *Dytiscus marginalis*

Unser bekanntester und mit 27–35 mm Körperlänge sowie 15–18 mm Breite einer unserer größten Schwimmkäfer. Körper lang-oval, flach; Beine mit langen Schwimmhaaren. Oberseite dunkel, oft mit olivgrünem Schimmer, Bauchseite gelb; charakteristisch sind der gelbe Seitenrand der Flügeldekken (Name!) sowie der gelb gesäumte Halsschild. Bei *D. marginalis* ist der gelbe Rand des Halsschilds ringsum etwa gleich breit. Dies gilt jedoch nicht für verwandte ähnliche Arten. Ausgeprägt ist der Geschlechtsdimorphismus beim Gelbrand: 3 der 5 Vorderfußglieder des Männchens sind plattenförmig verbreitert und mit je 2 großen und zahlreichen kleinen Saugnäpfen versehen (Foto oben). Sie dienen bei der Begattung zum Festklammern auf der glatten Oberfläche des Weibchens. Das Männchen läßt sich dann oft sehr lange, manchmal mehrere Tage, herumtragen, obwohl die eigentliche Begattung nur etwa 15 Minuten dauert. Die Weibchen (Foto unten links) besitzen deutlich längsgefurchte Flügeldecken, allerdings kommen manchmal auch solche mit glatten Flügeldecken vor.
Der Gelbrand bewohnt gern pflanzenreiche, klare Weiher und Gräben, kommt aber auch in zahlreichen anderen Gewässertypen vor. Da die Tiere gut und gern fliegen, üblicherweise bei Nacht, wandern sie auch gelegentlich in Gartenteiche ein. Die Käfer fliegen übrigens nicht mit ihren verhärteten Vorderflügeln, den sogenannten Elytren, die charakteristisch für alle Käfer sind, sondern mit den darunter verborgenen häutigen Hinterflügeln. Nicht alle Schwimmkäfer sind jedoch flugfähig. Interessant sind die in der Vorderbrust gelegenen Wehrdrüsen. Beim Gelbrand enthalten sie das Wirbeltierhormon Cortexon, das vom Käfer bei Gefahr abgegeben wird und z. B. lähmend auf Fische wirkt. Am Körperende liegt eine weitere Drüse, welche keimtötende Substanzen abgibt und damit die Oberfläche des Käfers vor dem Bewuchs durch Mikroorganismen schützen soll.
Die Eier des Gelbrands sind langgestreckt, leicht gekrümmt und ca. 7 mm lang. Sie werden in Blätter und Stengel von Wasserpflanzen abgelegt. Die Larven sind beim Schlüpfen 10 mm lang, strecken sich jedoch in wenigen Stunden auf ca. 15 mm und wachsen schließlich im dritten Larvenstadium auf nahezu 80 mm Länge heran (Foto unten rechts). Larven und Käfer sind äußerst gefräßige Räuber. Insbesondere die Larven fressen fast alles, was sie bezwingen können, fangen gern Kaulquappen, überwältigen kleine Fische und greifen auch die eigenen Artgenossen an. Ihre spitzen Kieferzangen (Mandibeln) sind von einem Kanal durchzogen. Werden sie in ein Beutetier geschlagen, strömt ein Verdauungssekret in dieses ein, der Körperinhalt des Beutetieres verflüssigt sich und wird dann ausgesogen. Wegen seiner Gefräßigkeit wurde der Gelbrand früher von Fischern verfolgt, eine Maßnahme, die heute abgelehnt werden muß, da sie die Wirkung des Käfers überbewertet. Auch im Gartenteich sollte der Gelbrand, der übrigens bis zu 5 Jahre alt werden kann, willkommen sein – auch wenn er gelegentlich die Larvenstadien der Amphibien dezimiert.

Stachelwasserkäfer *Hydrochara caraboides*

Der Stachelwasserkäfer gehört zur Familie der Wasserkäfer, einer Gruppe, die neben vielen wasserbewohnenden auch einige landlebende Vertreter umfaßt. Von den Schwimmkäfern unterscheiden sie sich in vielen Merkmalen. Die meist fehlenden Schwimmhaare an den Beinen zeigen, daß sie keine besonders guten Schwimmer sind. Sie klettern gern auf Wasserpflanzen oder anderen Gegenständen (z. B. im Wasser liegendem Holz) herum bzw. laufen – Füße nach oben – an der Wasseroberfläche hängend. Wenn sie gelegentlich schwimmen, wirken sie eher unbeholfen und paddeln meist abwechselnd mit den Beinen eines jeden Paares. Zum Luftholen kommen sie mit dem Kopfende an die Wasseroberfläche, die keulenförmigen Fühler dienen dann dazu, die Luft herabzuleiten. Der Hauptluftvorrat sammelt sich an der Bauchseite, weswegen diese im Wasser silbrigweiß glänzt.
Der Stachelwasserkäfer, auch Kleiner Kolbenwasserkäfer genannt, ist völlig schwarz, oft mit leicht grünlichem Schimmer, und wird 14–18 mm lang (Foto oben links). Aufgrund seiner Größe und seiner typischen Wasserkäfer-Merkmale ist er leicht zu erkennen. Die Weibchen besitzen einen Spinnapparat, mit dessen Hilfe sie im Frühjahr zur Fortpflanzungszeit (meist Mai) kunstvolle Eischiffchen produzieren. Der Gespinstsack wird von einem Blatt umschlossen, enthält 40–60 Eier und besitzt einen langen Schnorchel zur Sicherung der Sauerstoffversorgung. Die Larven (Foto unten) sind wie die Käfer schlechte Schwimmer und halten sich meist an der Wasseroberfläche auf. Sie leben räuberisch und ernähren sich überwiegend von Wasserflöhen und Muschelkrebsen, erbeuten aber auch leicht Stechmückenlarven, da diese ja ebenfalls an der Wasseroberfläche leben. Da die Larven im Gegensatz zu denen der Schwimmkäfer keine durchbohrten Kieferzangen besitzen, mit denen sie die Beutetiere aussaugen können, aber ebenfalls ein Verdauungssekret abgeben, müssen sie beim Fressen den Kopf aus dem Wasser strecken, um so zu verhindern, daß Nahrung im Wasser verlorengeht. Die Käfer selbst ernähren sich – wie alle ihre Verwandten – von frischen oder absterbenden Pflanzenteilen. Sie leben fast ausschließlich in pflanzenreichen stehenden Gewässern.

Hydrobius fuscipes

Die Käfer (Foto oben rechts) sind gänzlich schwarz, sehr hoch aufgewölbt und ähneln stark dem Stachelwasserkäfer, werden allerdings nur 6–9 mm lang. Sie sind überall sehr häufig, bewohnen Stillgewässer fast jeden Typs, vom moorigen Weiher bis zum Spritzwassertümpel am Meer, und kommen auch in Gartenteichen vor. Die Weibchen spinnen etwa 4 mm große Eikokons, die an der Vegetation oder an Holz in Nähe der Wasseroberfläche haften. Die Larven werden 12–15 mm lang, leben an der Wasseroberfläche und ernähren sich von Kleinkrebsen.

Köcherfliegen Trichoptera

Die ausgewachsenen Köcherfliegen (Foto oben) gleichen bräunlichen Schmetterlingen, unterscheiden sich aber von den Faltern dadurch, daß die Flügel nicht mit Schuppen, sondern mit kleinen Härchen bedeckt sind. Bei uns in Mitteleuropa umfaßt die Insektenordnung der Köcherfliegen mehrere hundert Arten. Die meisten sind nachtaktive Tiere mit einer Flügelspannweite von 0,5 bis 6 cm. Die größte Art mit einer Flügelspannweite von 6 cm ist die Frühlingsfliege *(Phryganea grandis),* die von Mai bis Juni in der Nähe von langsam fließenden Gewässern zu finden ist. Köcherfliegen treten oft in großen Massen auf. In Prag werden sie zusammen mit Eintagsfliegen als »Weißwurm« bezeichnet und in großen Mengen als Vogelfutter verkauft.
Interessanter und auffälliger ist die Lebensweise der Köcherfliegenlarven und -puppen. Köcherfliegen legen ihre Eier gewöhnlich ins Wasser ab oder kleben sie an Pflanzenteile, die über das Wasser ragen. Einige Arten werfen ihre Eier auch direkt auf die Wasseroberfläche ab. Die meisten Köcherfliegenlarven bauen einen Köcher aus den verschiedensten Baumaterialien. Dazu werden kleine Steinchen, Sandkörner oder Pflanzenteile mit einem von der Speicheldrüse produzierten Sekret zu einem schlauchförmigen Gehäuse verkittet. In schnellfließenden Gewässern findet man meist auf der Unterseite von größeren Steinen Köcherfliegenlarven, die derbe Köcher aus kleinen Steinchen bauen. Diese Art von Köcher bietet den größtmöglichen Schutz vor der starken Strömung. In stehenden Gewässern findet man mehr Arten, die ihren Köcher aus Pflanzenteilen bauen. Auch werden lebende und tote Schnecken- und Muschelschalen als Köcher verwendet. Jede Art baut solche Köcher aus einem für sie kennzeichnenden Baustoff und in einem für sie typischen Baustil (Foto Mitte und unten).
Eine Reihe von Larven besitzt keinen Köcher, es sind statt dessen schnelle und behende Jäger. Die Augen dieser Arten sind wie bei allen Räubern nach vorne gerichtet. Einige Vertreter dieser Gruppe schwimmen frei umher und suchen jedes Versteck nach Beutetieren ab. Andere haben spezielle Fangmethoden entwickelt, wie sie eigentlich nur für Landtiere bekannt sind: Sie bauen Netze wie die Spinnen, in denen sie ihre Beute fangen. Wie die Köcher typisch für die jeweiligen Arten sind, so ist auch die Netzform der entsprechenden Larven arteigen. Der bekannteste Vertreter der netzbauenden Köcherfliegen ist das Wasserseelchen der Gattung *Hydropsyche,* einer sehr häufigen Art, die meist gelblich bis grünlich gefärbt ist. In stehenden Gewässern, wo kein Wasserstrom die Beute ins Netz treibt, findet man Köcherfliegenlarven, die eine Vielzahl von »Stolperfäden« zwischen Wasserpflanzen aufspannen. Berührt ein Beutetier einen Faden, so bewegt sich die Larve sehr schnell entlang des Fadens und ergreift die Beute, um sie dann im sicheren Versteck zu verzehren.

Gemeine Stechmücke *Culex pipiens*

Die Gemeine Stechmücke gehört zur Familie der Stechmücken (Culicidae). Die Weibchen aller Arten benötigen zur Entwicklung der Eier Blut von Säugetieren oder Vögeln. Beim Stechen (Foto unten links) injizieren sie einen Speichel, der das Blut vor dem Einsaugen verdünnt und seine Gerinnung verhindert. Die Männchen dagegen besitzen keine stechenden Mundwerkzeuge, sie ernähren sich von Blütennektar und Wasser. Gemeine Stechmükken überwintern als begattete Weibchen. Sie ziehen sich ab November in ihre Überwinterungsquartiere zurück. Bevorzugt werden vor allem Keller mit Lehmboden, Kanalisationen, landwirtschaftliche Gebäude und andere Räume mit entsprechend hoher Luftfeuchtigkeit. Im Frühjahr verlassen die Weibchen ihre Winterquartiere und beginnen mit der Eiablage. Sie legen ihre Eier direkt auf die Wasseroberfläche ab. Dazu werden 200–300 Eier zu sogenannten Eischiffchen vereinigt (Foto unten rechts). Diese floßartigen Gebilde aus einseitig zugespitzten, länglichen Eiern sind mit bloßem Auge auf der Wasseroberfläche gut zu erkennen. Als Brutstätten werden fast alle denkbaren Wasseransammlungen wie Regentonnen, alte Autoreifen, Blechbüchsen und sogar Jauchegruben akzeptiert. Die Entwicklung von den abgelegten Eiern bis hin zum Vollinsekt erfolgt über 4 Larven- und 1 Puppenstadium. Die Larvenentwicklung dauert 1–3 Wochen und ist temperaturabhängig. Bei hohen Wassertemperaturen verläuft sie schneller als bei niedrigen. Das Puppenstadium erstreckt sich über einen Zeitraum von 2–4 Tagen. Zwischen Eiablage und Eiablage der nächsten Generation liegen meist nur 3–5 Wochen. Wegen der hohen Eizahl und der kurzen Entwicklungszeit kann ein einziges überwinterndes Weibchen während eines Sommers viele Millionen Nachkommen haben.

Die Larven der Stechmücken schwimmen im Wasser durch Hin- und Herbewegen ihres Körpers. Mit besonders ausgebildeten Strudelorganen filtrieren sie kleinste schwebende Algen aus dem Wasser. Die Larven der Gemeinen Stechmücke sind gut an der Art und Weise wie sie zur Atmung an die Wasseroberfläche kommen zu erkennen. Mit dem am Hinterende ihres Körpers abzweigenden Atemrohr hängen sie kopfunter an der Wasseroberfläche (vgl. Foto oben). Die Puppen sind kommaförmig, im Gegensatz zu den Larven besitzen sie 2 Atemröhrchen (ebenfalls auf dem Foto oben zu erkennen). Larven und Puppen haben viele Feinde. Sie zählen zur Nahrung von Wasserkäfern, Wasserkäferlarven, Wasserwanzen und natürlich auch von Fischen.

In einem Gartenteich kann es zu einem Massenauftreten von Stechmückenbrut kommen, wenn aufgrund extremer Lebensbedingungen, wie starke Verschmutzung, geringer Sauerstoffgehalt oder fehlende Versteckmöglichkeiten, die Freßfeinde der Stechmücken fehlen. Ferner sollte jeder Gartenbesitzer darauf achten, daß keine unnötigen Wasseransammlungen in seinem Garten entstehen. Regentonnen kann man mit feiner Gaze abdecken, um die Eiablage der Stechmückenweibchen zu verhindern.

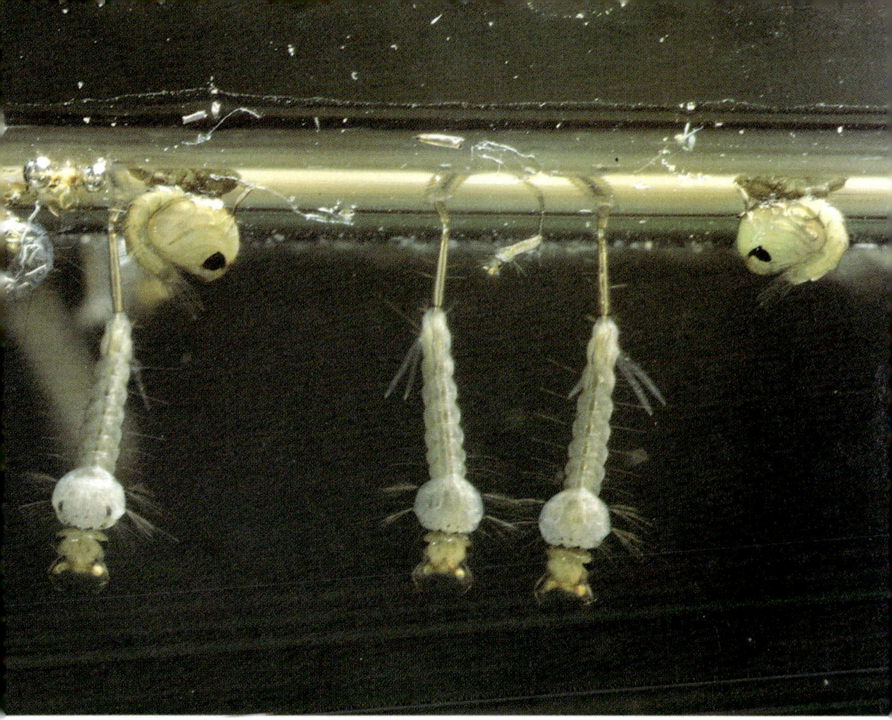
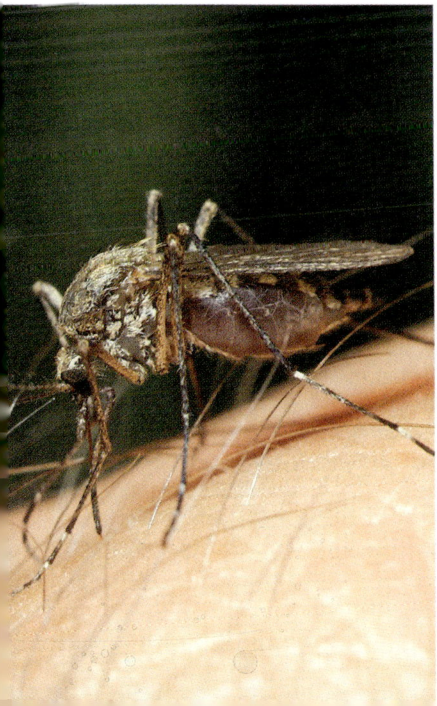

Malariamücke *Anopheles* spec.

Im Gegensatz zu der Gemeinen Stechmücke legen die Vertreter der Malariamücken *(Anopheles)* ihre Eier einzeln auf die Wasseroberfläche ab. Die Larven beider Gruppen sind sich weitgehend ähnlich. Den grünlichen Larven der Gattung *Anopheles* fehlt jedoch das Atemrohr, welches bei der Gemeinen Stechmücke als Aufhängeapparat dient. Arten der Gattung *Anopheles* benutzen 2 Öffnungen auf der Rückenseite zur Atmung. Die Larven der Malariamücken bewegen sich waagerecht unter der Wasseroberfläche, wobei sie ihren Kopf um 180° drehen können. Dadurch können sie die Unterseite der Wasseroberfläche nach Nahrung absuchen.
Die Malariamücken sind die Überträger der menschlichen Malaria. Noch im letzten Jahrhundert waren in Norddeutschland und in der Oberrheinischen Tiefebene Malariafälle durchaus häufig. Wegen der ungünstigen Entwicklungsbedingungen für den einzelligen Erreger der Malaria in unseren gemäßigten Breiten und der großflächigen Vernichtung von Brutstätten der Malariamücken, besonders im Bereich von großen Flüssen, ist heute ein erneutes Auftreten der Malaria unwahrscheinlich.

Schnaken Tipulidae

Mit »Schnaken« werden in Süddeutschland die bereits erwähnten Stechmücken bezeichnet. Die richtigen Schnaken (Tipulidae) haben aber mit den erwähnten Plagegeistern nicht viel gemeinsam. Die ausgewachsenen Schnaken (Foto unten rechts) besitzen einen langgestreckten Körper mit auffallend langen Beinen. Die Größe beträgt 2–30 mm. Die Larven der meisten Arten leben in feuchter Erde, in sauren Wiesenböden oder dicht am Seeufer. Dennoch gibt es eine Reihe von Schnakenarten, deren Larven echte Wasserbewohner sind. Aufgrund der unterschiedlichen Lebensräume der Schnakenlarven gibt es viele Unterschiede im Körperbau. In europäischen Binnengewässern leben ungefähr 100 Arten, wobei die Vertreter der Gattung *Tipula* zu den häufigsten zählen. Die Larven dieser Gruppe leben meist am Grund seichter Gewässer und durchwühlen hier den Schlamm auf der Suche nach Nahrung, die aus organischem Material besteht. Die Atmung ist bei diesen Arten an das Leben in sehr flachen Gewässerbereichen angepaßt. Das Hinterende ihres walzenförmigen Körpers endet mit einer muldenförmigen Einsenkung, die von 6 behaarten Spitzen umgeben ist, und in deren Mitte sich 2 Öffnungen des verzweigten röhrenförmigen Atmungssystems befinden. Die Tiere hängen sich mit dieser wasserabstoßenden Atmungsschale an die Wasseroberfläche. Bei Störungen tauchen sie ab, indem die 6 abgespreizten Spitzen sehr schnell zusammenklappen. Beim Abtauchen nehmen die Tiere mit ihrem Hinterende und mit Hilfe der sich zusammenschließenden Spitzen eine kleine Luftblase mit, die beim Auftauchen wieder losgelassen wird und dabei die Wasseroberfläche durchbricht.

Zuckmücken Chironomidae

An warmen Abenden sieht man oft riesige Schwärme von Zuckmücken (Foto oben) bei ihren Paarungstänzen. Sie können in solchen Massen auftreten, daß man die Schwärme aus einiger Entfernung für Rauchwolken halten könnte. Nach der Paarung legen die Weibchen 100 bis 1000 Eier ab, die zu Eikugeln zusammengeklebt sind. Diese werden wahllos beim Flug auf die Wasseroberfläche abgeworfen. Zuckmücken können übrigens nicht stechen.
Die Zuckmücken sind sicherlich die artenreichste Insektengruppe, deren Larven in Binnengewässern zu finden sind. Sie besiedeln alle Gewässertypen. Zuckmückenlarven (Foto unten) leben sowohl in sauerstoffreichen Oberläufen von schnell fließenden Gewässern wie in Teichen und Tümpeln. In nur zeitweise wasserführenden Gewässern finden sich ebenso Zuckmückenlarven wie in hochbelasteten Abwasserteichen. Die Größe der verschiedenen Larven schwankt je nach Art und Alter zwischen 1 mm und 2 cm. Die Färbung kann weiß, gelblich, grün, braungrau oder hellrot sein. Zuckmückenlarven leben meist im Gewässerboden, wo sie einen großen Anteil der Bodenfauna stellen. In nährstoffreichen Gewässern kann ihre Siedlungsdichte sehr hoch sein. In Karpfenteichen wurden bis zu 5000 Larven pro Quadratmeter gefunden, während in nährstoffarmen Seen Siedlungsdichten zwischen 10 und 1200 Einzeltieren pro Quadratmeter beobachtet werden können.
Die Larven der Zuckmücken bauen mit ihren großen Spinndrüsen U-förmige Gespinströhren in die oberste Schlammschicht des Gewässergrundes. Fließwasserbewohner erstellen komplizierte Gehäuse. Larven bestimmter Arten bauen ihre Gänge in Wasserpflanzen. Die Nahrung der Zuckmückenlarven besteht aus abgestorbenen oder lebenden Algen, frischem Pflanzengewebe oder moderndem Holz.
Ein typischer Bewohner stark verschmutzter Gewässer sind die Larven der Roten Zuckmücke. Die Larven werden bis 15 mm lang. Der Körper ist walzenförmig, wurmähnlich und blutrot gefärbt (ein Tier ist als Beute der Wasserspinne auf dem Foto S. 45 zu erkennen). Diese Larven besitzen den Blutfarbstoff Hämoglobin, der auch in den roten Blutkörperchen der Wirbeltiere und des Menschen enthalten ist. Dieser Stoff bindet Sauerstoff sehr gut und ermöglicht den Roten Zuckmücken, unter niedrigen Sauerstoffkonzentrationen leben zu können. Die Larven bauen Röhren aus einem Gespinst und Schlammteilen. Die Tiere ragen mit dem Vorderende aus der oberen Röhrenmündung heraus und schwingen dauernd den Kopf hin und her. Diese Bewegung dient sowohl der Atmung als auch dem Herbeistrudeln von Nahrungspartikeln. Vereinzelt kommen Rote Zuckmückenlarven auch in sehr sauberen Gewässern vor. Eine Massenentwicklung weist jedoch auf eine starke Verunreinigung des Gewässers hin, die durch organische Stoffe verursacht wird. Finden wir in unseren Gartenteich eine Massenentwicklung der Roten Zuckmückenlarve, so läßt dies auf jeden Fall auf eine Verunreinigung schließen, die z. B. durch Fallaub, Einspülen von Dünger oder durch Jauche verursacht wurde.

Büschelmücken Chaoboridae

In Europa leben von dieser Insektengruppe nur 8 Arten, die alle ihr Larven- und Puppenstadium im Wasser verbringen. Die ausgewachsenen Insekten gleichen auf den ersten Blick den Stechmücken, unterscheiden sich jedoch von ihnen durch den kurzen, dicken Rüssel, der nicht zum Stechen geeignet ist. Die Büschelmücke *Chaoborus plumicornis* ist die häufigste einheimische Art. Das Weibchen legt die zu einem Gelege zusammengeklebten Eier auf die Wasseroberfläche ab. Die stäbchenförmigen und fast durchsichtigen Larven sind auf den ersten Blick nur schwer auszumachen. Von Aquarianern werden sie deshalb auch als Glasstäbchen bezeichnet. Die Larven der Büschelmücke (Foto oben) schweben waagerecht im Wasser, die Puppen senkrecht. Dies ist möglich, da die Larven das gleiche spezifische Gewicht wie das sie umgebende Wasser besitzen. Büschelmückenlarve und -puppe sind die einzigen Entwicklungsstadien von Wasserinsekten, die ihre gesamte Entwicklungszeit als schwebende Organismen im Gewässer verbringen. Aufgrund dieser Lebensweise ist ihr Vorkommen auch auf stehende Gewässer beschränkt. Das den ganzen Körper durchziehende Atmungssystem dient zum Ausbalancieren der waagerecht schwebenden Lage. Bei Ergreifen von Beutetieren wird das schwere Vorderende durch Verlagerung der Atemluft in die Ausgangslage gebracht. Die Nahrung der Büschelmückenlarven besteht aus kleineren Wasserbewohnern, Kleinkrebse werden bevorzugt gefressen.

Tastermücken Dixidae

Die Larven der Tastermücken (Dixidae, Foto unten) leben immer im Grenzbereich zwischen Gewässer und Land, sind aber reine Wassertiere. Man findet sie im seichten Uferbereich, auf Schwimmblättern von Wasserpflanzen, auf überströmten Felsen. Tastermückenlarven sind gelblich bis bräunlichgrau gefärbt mit einem dunkleren Kopf und Hinterende. Sie werden bis 10 mm groß. Typisch für die Larven ist die U-förmige Körperkrümmung. Die Bewegung erfolgt durch abwechselndes Voranschieben der U-Schenkel. Die Entwicklungszeit vom Ei zum flugfertigen Insekt dauert ungefähr 4 Wochen. Das Vollinsekt ist kein Blutsauger. Beide Geschlechter haben gleichgeformte Antennen und einen kurzen Rüssel.

Gnitzen Ceratopogonidae

Die Gnitzen sind selten größer als 2 mm, machen aber durch den für den Menschen schmerzhaften Stich auf sich aufmerksam. Ein Teil der Gnitzenlarven lebt auf dem Land. Die Wasserbewohner besiedeln die unterschiedlichsten Gewässertypen und leben dort zwischen dichten Algenwatten oder auf dem Gewässergrund. Die Gnitzenlarven (Foto oben) sind sehr gute Schwimmer, die sich durch die schlängelnden Bewegungen ihres schlanken Körpers sehr schnell fortbewegen können. Sie ernähren sich räuberisch, vor allem von anderen Mückenlarven, und werden bis 15 mm lang.
Gnitzen gehören zu den Zweiflüglern (Diptera), eine große Insektenordnung, die ihren Namen den 2 Flügeln verdankt; das 2. den Insekten eigene Flügelpaar ist zu winzigen Schwingkölbchen, die den Flug stabilisieren, zurückgebildet. Die Zweiflügler spalten sich in die Gruppe der Mücken (Nematocera) und Fliegen (Brachycera). Erstere sind meist schlanke, grazile Formen mit langen Fühlern (vgl. Fotos S. 91, 93, 95). Die in diesem Buch vorgestellten Gruppen von den Stechmücken bis einschließlich der Gnitzen zählen dazu. Die Fliegen dagegen sind meist gedrungen, plump und besitzen kurze Fühler (vgl. Foto S. 101). Zweiflügler sind Insekten mit vollkommener Verwandlung, durchlaufen also ein Puppenstadium.

Waffenfliegen Stratiomyidae

Die meisten einheimischen Waffenfliegen haben auffallende, abwechslungsreiche Zeichnungen, die oft Bedeutung für die Erkennung des Partners bei der Balz haben. Bei manchen Arten leuchtet der Untergrund metallisch grün bis blau. Auf dem Hinterrand des mittleren Brustabschnittes besitzen die Waffenfliegen 2 oder mehrere spitze Dorne, die diesen Fliegen ihren deutschen Namen gegeben haben. Dennoch haben diese Dorne weder Angriffs- noch Verteidigungsfunktion.
Man findet die Larven in Quelltümpeln, Teichen und Weihern, wo sie sich bevorzugt in dichten Algenwatten aufhalten. Typisch für die Larven (Foto unten) ist die atemrohrartige Verlängerung ihres Hinterleibs, die an ihrem Ende von einem Kranz langer Haarborsten umstellt ist. Hier enden auch die beiden Öffnungen des feinverzweigten Atemsystems. Mit dem unbenetzbaren Haarkranz hängen die Larven an der Wasseroberfläche. Beim Abtauchen klappen die Haarborsten blitzartig zusammen und schließen eine kleine Luftblase ein. Beim Auftauchen wird diese Luftblase abgelassen und hat die Aufgabe, das Oberflächenhäutchen für den nachfolgenden Haarkranz zu durchbrechen. Die Larven fressen kleinere Wassertiere, die sie in ihre Mundöffnung strudeln. Die Puppen der Waffenfliegen sind von den Larven nicht zu unterscheiden: Die etwa nur ¼ so großen Puppen bilden ihren Puppenkokon innerhalb der letzten Larvenhaut. Die Art der Puppenbildung wird als Tönnchenpuppe bezeichnet.

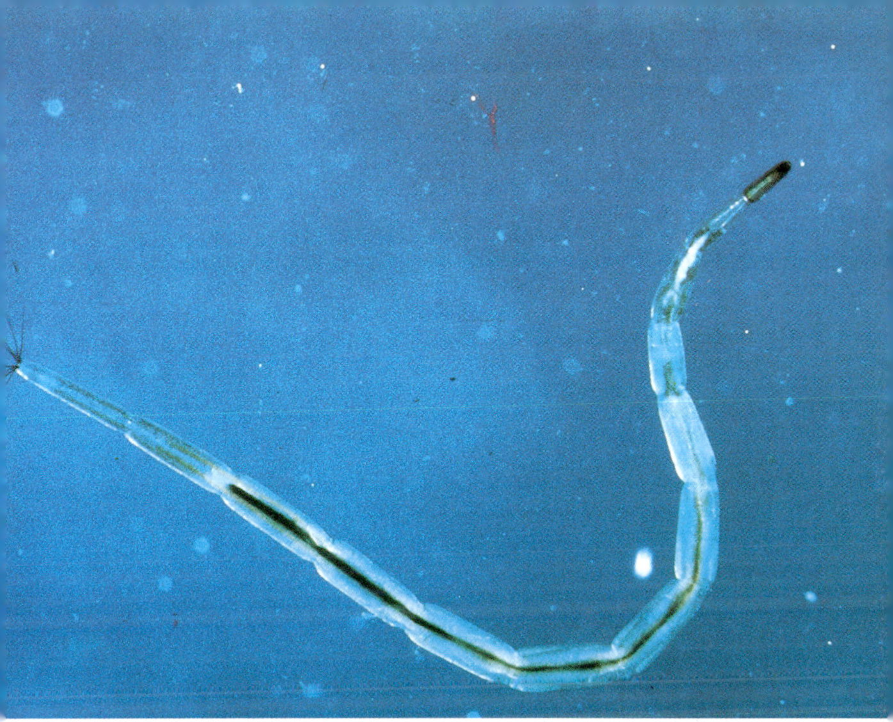

Schwebfliegen Syrphidae

Die Familie der Schwebfliegen ist wahrscheinlich die artenreichste Gruppe unter den Fliegen. Von den 4600 bekannten Arten gehören ungefähr 270 Arten zu unserer heimischen Fauna. Die Schwebfliegen (Foto unten) werden wegen ihres schwarz-gelben, wespenähnlichen Aussehens oft mit Wespen verwechselt. Im Gegensatz zu den Wespen besitzen sie nur 2 Flügel und sind als stachellose Insekten für den Menschen total ungefährlich. Ihren deutschen Namen verdanken sie ihrer Fähigkeit, an einer Stelle zu schweben, um dann urplötzlich davonzufliegen. Die Larven vieler Schwebfliegen leben auf Pflanzen und vertilgen dort bis zu 50 Blattläusen an einem Tag. Für den Gartenbesitzer sind es die besten Schädlingsbekämpfer, da sie ohne Chemie und giftige Rückstände arbeiten. In Gärten können bis zu 30 Schwebfliegenarten ihr Auskommen finden, sofern diese die notwendigen Kleinlebensräume bieten. Die Ähnlichkeit der Schwebfliegen mit den stechenden Bienen und Wespen nennt man Mimikry. Durch diese Ähnlichkeit schützen sich die Schwebfliegen vor dem Gefressenwerden durch insektenfressende Jungvögel. Jungvögel fressen zunächst alles, was sie erbeuten können, müssen aber dann die schmerzhafte Erfahrung machen, daß sie besser von Wespen und Bienen ablassen. Sie machen aber dann auch einen großen Bogen um alle ähnlich aussehenden Insekten.
Der Gartenteichbesitzer kann unter Umständen Schwebfliegenlarven der Gattung *Eristalomya* in seinem Teich finden. Der bekannteste Vertreter ist die Larve der Schlammfliege *(Eristalis tenax).* Hierbei handelt es sich um weißgraue 20 mm große Larven mit einer bis zu 30 mm langen Atemröhre (Foto oben). Aufgrund ihres Aussehens werden diese Larven auch als Rattenschwanzlarven bezeichnet. Die Rattenschwanzlarven wühlen im Schlamm, treiben an der Wasseroberfläche oder kriechen langsam über den Gewässergrund. Ihre Nahrung filtrieren sie aus dem Schlamm, den sie mit Hilfe eines feinen Filtermechanismus ihres Schlundes durchsieben. Dabei werden feste Bestandteile zu kleinen Schlammballen gesammelt und in den Darmkanal aufgenommen.
Die Luftaufnahme erfolgt über das lange Atemrohr, dessen Länge über den Blutdruck der entsprechenden Wassertiefe angepaßt werden kann. Die Larven überwintern im Schlamm vergraben, um im darauffolgenden Frühjahr zur Verpuppung an Land zu kriechen. Im Inneren der letzten Larvenhülle entsteht die Puppe (Tönnchenpuppe), aus der die Fliege schlüpft.
Rattenschwanzlarven gelten als Anzeiger sehr schlechter Wasserqualität. Treten in unserem Gartenteich größere Mengen dieser Larven auf, dürfte das Wasser sehr stark durch organische Bestandteile verunreinigt sein. Die Gewässersituation kann durch die Zugabe von frischem, sauerstoffreichem Wasser verbessert werden, besser wird es aber sein, wenn man einen Teil des nährstoffreichen Schlamms, Fallaub und ähnliches vollständig entfernt.

Rotauge *Rutilus rutilus*

Das Rotauge zählt zur Familie der Karpfenfische. Der schlanke, spindelförmige oder hochrückige Fisch (Länge: 25–30 cm) ist oberseits dunkel gefärbt. Er trägt grausilberne bis gelblichsilberne Schuppen. Die paarigen Flossen weisen eine rötliche, seltener hellrote Färbung auf, die unpaarigen Flossen sind grau. Das Auge ist rot gefärbt (Name!). Von der ähnlichen Rotfeder unterscheidet sich das Rotauge durch eine gerundete Bauchkante zwischen Bauch- und Afterflosse sowie durch das senkrecht über bzw. knapp hinter dem Bauchflossenansatz liegende Vorderende der Rückenflosse.
Rotaugen kommen weitverbreitet in stehenden und langsam fließenden Gewässern vor. Gern halten sich die Fische in Schwärmen in der mit Unterwasserpflanzen bestandenen Uferregion auf. Als Nahrung werden neben wirbellosen Kleintieren (Kleinkrebse, Insekten und deren Larven, Würmer, Schnekken, Muscheln) auch Wasserpflanzen und Algen aufgenommen. Zum Laichen suchen die Fische im April und Mai Flachwasserbereiche auf, wo die ca. 1 mm großen Eier an vorjähriger Vegetation, Wurzelwerk, Steinen und dergleichen abgesetzt werden. Laichreife Männchen zeigen dann einen körnigen Laichausschlag an Rücken und Kopf. In Gewässern ohne Raubfische vermehren sich Rotaugen meist ungehindert. Aufgrund von Lebensraum- und Nahrungsverknappung neigen die Tiere dann zu Zwergwuchs. Bei der Haltung von Rotaugen in Gartenteichen sollte deshalb eine jährliche Bestandskontrolle erfolgen.

Rotfeder *Scardinius erythrophthalmus*

Erwachsene Rotfedern sind farbenprächtige Karpfenfische. Ihr seitlich abgeflachter, meist hochrückiger Körper (Länge: 20–40 cm) weist eine silberfarbene Beschuppung auf, oft mit messinggelbem Anflug. Der Rücken und die Kopfoberseite sind braungrün, der Bauch ist weißlich. Dazu bilden die kräftig hellroten Flossen einen schönen Kontrast. Als weitere Kennzeichen gelten der weit vor dem Rückenflossenvorderende liegende Bauchflossenansatz, der gekielte Bauch zwischen Bauch- und Afterflosse, das schräg nach oben gerichtete Maul und das messinggelbe Auge.
Rotfedern bewohnen stehende und langsam fließende Gewässer, vor allem Buchten und Altarme der unteren Flußläufe sowie Tümpel, Weiher und Seen mit reichen Wasserpflanzenbeständen. Die Rotfeder zählt zu den Allesfressern, mit einem großen Nahrungsbedarf an Wasserpflanzen und Algen. In Gartenteichen eignet sich diese Art deshalb gut zur Dezimierung von zu stark wuchernden Wasserpflanzen. Rotfedern laichen von April bis Mai im Schwarm an seichten Uferstellen in Pflanzenbeständen ab. Zu dieser Zeit entwickeln die Männchen einen feinkörnigen Laichausschlag. Da Rotfedern sehr verträglich sind, eignen sie sich im Gartenteich gut zur Vergesellschaftung mit anderen Karpfenfischen.

Schleie *Tinca tinca*

Durch ihr Äußeres unterscheidet sich die Schleie stark von den anderen Karpfenfischen. Sie besitzt einen kräftig gebauten, gedrungenen Körper (Länge: 20–40 cm) mit kleinen Schuppen und hohem Schwanzstiel. Weitere Merkmale sind der kleine, endständige Mund, der 2 Barteln trägt, sowie das auffallend kleine Auge. Schleien weisen eine dunkelgrüne bis olivgrüne Grundtönung auf, mit messingfarbenem Glanz an den Flanken. Der Bauch ist milchigweiß bis orangegelb.
Die Schleie bewohnt stehende und träge fließende Gewässer, wie z. B. flache, gut durchwärmte Seen, Weiher sowie Altarme und Buchten von Flußläufen mit dichten Pflanzenbeständen und schlammigem Untergrund. Der lichtscheue Fisch verharrt tagsüber meist ruhig in Grundnähe zwischen Pflanzenbeständen, um erst mit der Dämmerung aktiv zu werden. Als bodenorientierte Fischart ernährt sich die Schleie hauptsächlich von wirbellosen Bodentieren sowie Wasserpflanzen. Die Schleie laicht während der Monate Mai bis August. Die Eiablage erfolgt im Flachwasser an Wasserpflanzen. Obwohl Schleien als recht robuste Tiere gelten, sollte man für sie auch im Gartenteich artgerechte Bedingungen schaffen. Gartenteiche ab einer Größe von 10 m^2 mit flacheren und tieferen Stellen (20–120 cm) sowie einem reichen Bestand an Wasserpflanzen (z. B. Wasser-Hahnenfuß, Tausendblatt, Hornkraut, Laichkrautarten) eignen sich für einen Schleienbesatz.

Karausche *Carassius carassius*

Die Karausche, auch Moor- oder Bauernkarpfen genannt, zählt zu den widerstandsfähigsten und anspruchslosesten Fischen. Karauschen weisen unter günstigen Bedingungen einen gedrungenen, hochrückigen Körper (Länge: 15–50 cm) auf. Im Gegensatz zum ähnlichen Karpfen *(Cyprinus carpio)* trägt diese Art keine Barteln. Die Grundfärbung variiert zwischen messinggelb und bronzebraun.
Da die Karausche gegenüber ungünstigen Sauerstoffverhältnissen sehr unempfindlich ist, besiedelt sie pflanzenreiche und selbst stark verschlammte Gewässer jeder Art (Tümpel, Gräben, Moorgewässer, Weiher, warme Seen und Altwässer). Kalte und schnell fließende Gewässer meidet sie. Karauschen sind Allesfresser. Neben wirbellosen Kleintieren und Pflanzenkost wird jede nur irgendwie verwertbare Nahrung gefressen. Bei Nahrungsmangel bleibt selbst der eigene Nachwuchs nicht verschont. In der Laichzeit (Mai, Juni) legen die Weibchen ca. 100 000–300 000 klebrige, orangefarbene Eier (Durchmesser 1–1,4 mm) an Wasserpflanzen ab. Da die Karausche eine verborgene Lebensweise führt, ist sie für Gartenteiche als »prestigeträchtiges Schauobjekt« weniger interessant. Unter ökologischen Gesichtspunkten betrachtet, eignet sich diese Fischart jedoch gut für einen Besatz. Bei kleineren Gartenteichen reichen 5–6 jüngere Exemplare für den Anfang.

Ukelei *Alburnus alburnus*

Der Ukelei gehört zu den Kleinfischarten. Er zeichnet sich durch einen schlanken und langgestreckten, seitlich abgeflachten Körper (Länge: 10–25 cm) aus. Weitere charakterisierende Merkmale sind die steil nach oben gerichtete Mundspalte, das große Auge sowie der zwischen Bauch- und Afterflosse scharf gekielte, schuppenlose Bauch. Die leicht ausfallenden Schuppen verleihen dem Fisch einen starken Silberglanz. Dieser Silberglanz beruht auf in die Schuppen eingelagerten Guaninkristallen, aus welchen man früher den Grundstoff zur Herstellung künstlicher Perlen gewann.
Der Ukelei kommt stets vergesellschaftet an der Oberfläche stehender und langsam fließender Gewässer vor. Rasch fließende und trübe Gewässerbiotope werden gemieden. Zum Nahrungsspektrum des Ukeleis gehören Insekten, Insektenlarven, planktische Organismen, wirbellose Bodentiere und Algen. In der Laichzeit (April bis Juni) suchen die Fische seichte, steinige Uferstellen auf, wo sie die ca. 1000–1500 Eier an Steinen, Pflanzen und Wurzelwerk ablegen. Da der Ukelei ein sehr aktiver Schwimmer ist, sollte er nur in größere Gartenteiche mit viel freiem Schwimmraum und auf den Rand beschränkten Wasserpflanzenbeständen eingesetzt werden. Bietet man dem Ukelei die genannten Bedingungen, wird er ein Aufkommen von Stechmükkenbrut weitgehendst verhindern.

Moderlieschen *Leucaspius delineatus*

Aufgrund seines Körperbaues und der Färbung besitzt das Moderlieschen große Ähnlichkeit mit dem Ukelei. Als sicherstes Unterscheidungsmerkmal kann man die kurze Seitenlinie anführen, die etwa bis zum Ende der an den Körper angelegten Brustflossen reicht und – wie bei allen Fischen – durch ein oder zwei Poren in jeder Schuppe gekennzeichnet ist, an deren Grund sich Sinneszellen befinden. Mit diesem »Ferntastsinn« ist es Fischen möglich, Wasserströmungen, Hindernisse, Ufer- und Bodennähe sowie andere Fische zu erfassen. Die 6–9 cm großen Moderlieschen haben leicht ausfallende, silbrige Schuppen mit einem graugrünen bis olivbraunen Farbton am Rücken sowie einen stahlblauen Längsstreifen an den Flanken.
Als Lebensraum bewohnt die anspruchslose Fischart ein breites Spektrum an pflanzenreichen, stehenden und langsam fließenden Gewässern. Die Tiere können selbst in verschlammten Kleingewässern, die kurz vorher noch fischleer schienen, in Massen auftreten. Deshalb glaubte man früher an ein Entstehen der Fische aus dem Schlamm ohne Elterntiere. Moderlieschen halten sich gern oberflächennah, in sonnendurchfluteten Wasserpflanzenbeständen auf, wo sie nach Kleinkrebsen, planktischen Organismen, Insekten und deren Larven suchen. In der Laichzeit (April bis Mai) legen die Weibchen ihre Eier in einem Band ringförmig um Wasserpflanzenstengel. Das Männchen bewacht das Gelege und sorgt für Frischwasserzufuhr.

Bitterling *Rhodeus sericeus amarus*

Der Bitterling ist der kleinste einheimische Karpfenfisch. Er besitzt einen hochrückigen, seitlich abgeflachten Körper (Länge: 5–9 cm). Außerhalb der Laichzeit recht einfach graugrün (Rücken) und silbrigrosa (Flanken) gefärbt, schillern die Männchen während der Paarungszeit in allen Farben des Regenbogens (vgl. Foto). Kennzeichnend ist eine blaugrüne Längsbinde von der Schwanzwurzel bis zur Körpermitte.
Bitterlinge besiedeln zu Schwärmen vergesellschaftet die pflanzenbestandene Uferregion kleiner Seen und Weiher sowie Altarme, Buchten und flache Staubereiche von Fließgewässern mit sandigem bzw. schlammigen Bodengrund. Die Tiere ernähren sich von Kleinkrebsen, Röhrenwürmern, Insektenlarven und Algen. Interessanterweise benötigt der Bitterling zur Fortpflanzung (April bis Juni) Muscheln (*Unio*- und *Anodonta*-Arten). Mittels einer mehrere Zentimeter langen Legeröhre, welche das Weibchen durch die Kloakenöffnung der Muschel einführt, werden 40–100 Eier zwischen den Muschelkiemenlamellen plaziert. Anschließend gibt das Männchen über der Atemöffnung der Muschel seinen Samen ab. Nach 2–3 Wochen schlüpfen die Fischlarven, um einige Zeit später die Muschel als schwimmfähige Jungtiere zu verlassen. Möchte man im eigenen Gartenteich Bitterlinge halten, sollte man sich keinesfalls verleiten lassen, die im Zoohandel ab und zu angebotenen ostasiatischen Bitterlinge einzusetzen (Faunenverfälschung!). Letztendlich sei darauf hingewiesen, daß eine Entnahme von Bitterlingen aus Naturgewässern ebenfalls unbedingt unterbleiben muß, will man diese so stark bedrohte Fischart nicht zum Aussterben verurteilen.

Schlammpeitzger *Misgurnus fossilis*

Der zu den Schmerlen gehörende Schlammpeitzger fällt durch seinen langgestreckten, drehrunden Körper (Länge: bis 30 cm) auf, der hinten seitlich abgeflacht ist. Als weitere Kennzeichen können die fast völlig reduzierte Seitenlinie, der von 10 Bartfäden umgebene, unterständige Mund und die kleinen Schuppen genannt werden. Die Grundfärbung variiert zwischen gelbbraun bis lehmbraun mit mehreren dunkleren Längsstreifen sowie dunklen Tupfen und Flecken. Die Bauchseite zeigt eine orangegelbe Färbung.
Schlammpeitzger kommen in flachen, pflanzenreichen Kleingewässern, Uferzonen, Altwässern und Überschwemmungsflächen mit Schlammablagerungen vor. Bei Sauerstoffmangel behelfen sich die zähen Fische durch Luftschlucken in den blutgefäßreichen Darm. Ein Trockenfallen des Wohngewässers können die Tiere im Bodengrund vergraben mehrere Monate überdauern. Die Nahrung bilden wirbellose Bodentiere. Zur Laichzeit (April bis Juni) legen die Weibchen ihre etwa 1,5 mm großen, klebrigen Eier an Wasserpflanzen ab. Der Schlammpeitzger gilt heute als stark gefährdet. Er darf deshalb nicht aus der freien Natur entnommen werden.

Stichling *Gasterosteus aculeatus*

Aufgrund seines interessanten Fortpflanzungsverhaltens gilt der Dreistachelige Stichling als der »Paradefisch« in der Verhaltensforschung. Die 5–8 cm, selten 11 cm großen Fische haben eine gestreckte Gestalt mit weit nach hinten versetzter Rückenflosse sowie eine spitze Schnauze. Auf dem Rücken tragen die Tiere 3 bewegliche Stacheln (Name!), zusätzlich sind auch die Bauchflossen und die Afterflosse mit je einem Stachel bewehrt. Damit können sie angreifende Feinde empfindlich verletzen. Einen zusätzlichen Schutz besitzen die schuppenlosen Fische durch sich überlappende Knochenplatten an den Körperseiten und am Schwanzstiel. Außerhalb der Laichzeit sind die Tiere am Rücken blaugrau bis olivgrün gefärbt, mit silbrigem Metallglanz an Bauch und Flanken. Während der Paarungszeit nimmt der Rücken des Männchens einen blaugrünen Farbton an, Kehle und Brust leuchten intensiv hellrot (Foto oben).
Der Dreistachelige Stichling kommt im Meer und im Süßwasser vor. Im Süßwasser besiedelt er pflanzenreiche Gräben, Tümpel, Flachwasserzonen von Weihern und Seen sowie langsam fließende Gewässer. In der Laichzeit (März bis Juli) grenzen die Männchen Brutreviere ab, die sie gegen jeden Eindringling verteidigen. Schließlich baut das Männchen ein Bodennest aus Pflanzenfasern und Algenfäden und verklebt die Einzelteile mit Nierensekret (Foto Mitte). Danach lockt das Männchen mit ruckartigen Bewegungen (sogenannter Zick-Zack-Tanz) ein laichreifes Weibchen ins Nest, das dort seine Eier ablegt. Der Stichlingsmann versorgt und bewacht nun allein das Gelege, indem er Feinde vertreibt und durch Fächeln mit den Brustflossen für Frischwasserzufuhr sorgt. Sind die jungen Stichlinge herangewachsen, verlassen sie das Nest, um in großen Schwärmen kleine Planktontiere zu jagen. Als Erwachsene sind sie später sehr aktive Räuber mit einem großen Nahrungsbedarf an Kleinkrebsen, Würmern, Fischbrut, Insektenlarven und sonstigen Kleinlebewesen.
Neben dem Dreistacheligen Stichling kommt bei uns auch der Zwergstichling *(Pungitius pungitius)* vor. Er wird 4–6 cm lang und besitzt 8–11 Rückenstacheln (Foto unten). Seine Verbreitungsgrenze reicht nicht so weit südlich wie bei der vorgenannten Art. Der Zwergstichling bevorzugt Klein- und Kleinstgewässer.
In Gartenteichen zeichnen sich Stichlinge als eifrige Vertilger von Stechmückenbrut aus. Da sie sich sehr schnell vermehren und dann die Wirbellosenfauna sehr stark dezimieren können, sollten in Gartenteiche jeweils nur wenige Individuen eingebracht und ab und zu eine Bestandskontrolle durchgeführt werden.

Goldfisch *Carassius auratus auratus*

Der Goldfisch wurde vermutlich vor 300–350 Jahren durch englische Seefahrer und Kaufleute von China nach Europa gebracht. Zusammen mit dem Giebel *(C. auratus gibelio)* stammt der Goldfisch von einem Karpfenfisch ab, der in China »Chi« genannt wird und dort zu den Speisefischen zählt. In seinem Ursprungsland, wo man mit der Goldfischzucht vor über 1000 Jahren begann, entstanden durch permanente Zuchttierauswahl eine Vielzahl von Varietäten, die sich in Farbe und Form recht stark unterscheiden (z.B. Schleierschwanz, Teleskopauge, Löwenkopf, Büffelkopf, Gänsekopf, Himmelsgucker).
Goldfische in ihrer Urform weisen bezüglich ihres Körperbaues, der Lebensweise, der Ernährungs- und Fortpflanzungsgewohnheiten starke Parallelen zu Giebel und Karausche auf. Der Goldfisch laicht von April bis Mai bei einer Wassertemperatur von 18–22 °C an Wasserpflanzen ab. Die Jungfische, die anfangs silbergrau bis metallisch-graubraun gefärbt sind, zeigen erst nach Monaten ihre spätere Farbe. In vielen Ländern Europas kommt der faunenfremde Goldfisch inzwischen auch in Naturgewässern vor, wo er einheimische Fische sowie wasserlebende wirbellose Tiere verdrängte oder unterdrückt. Legt man Wert auf einen naturnahen Gartenteich mit einheimischen Tieren und Pflanzen, muß man auf den Goldfisch verzichten. Dies gilt auch für andere, zum Teil nachstehend aufgeführte Fischarten.

Sonnenbarsch *Lepomis gibbosus*

Der Sonnenbarsch wurde zusammen mit weiteren, zu den Sonnenfischen (Centrarchidae) zu rechnenden Barschen aus Nordamerika eingeführt. Von diesen Fischarten erreichte nur der Sonnenbarsch eine nennenswerte Verbreitung. Vor allem im Oberrheingebiet kommt er recht häufig in Baggerseen, Weihern und Auengewässern vor. Bei uns erreicht er eine durchschnittliche Länge von 10–15 cm, selten mehr.
Sonnenbarsche besiedeln pflanzenreiche, stehende und langsam fließende Gewässer. Während der Laichzeit (Mai bis Juni) legen sie in Flachwasserbereichen Laichgruben an, wobei Männchen und Weibchen gemeinsam Eier und Brut bewachen. Wie die anderen nordamerikanischen Barscharten gilt der Sonnenbarsch als arger Räuber. Wirbellose Wassertiere aller Art, Fischlaich und -brut sowie Amphibienlarven leiden stark unter seinem Zugriff. Ist man daran interessiert, im Gartenteich ökologisch ausgewogene Verhältnisse zu schaffen und will man Amphibien und andere Wassertiere ansiedeln, so dürfen Sonnenbarsche nicht eingesetzt werden. Auch andere Fremdfischarten wie z.B. der Zwergwels *(Ictalurus nebulosus),* der Blaubandbärbling *(Pseudorasbora parva),* die Gambuse *(Gambusia affinis)* und der Graskarpfen *(Ctenopharyngodon idella)* können das zwischen einheimischen Tier- und Pflanzenarten eingespielte Gleichgewicht empfindlich stören.

Erdkröte *Bufo bufo*

Die bei uns recht weit verbreitete Erdkröte gehört zu den Echten Kröten. Sie ist von plumper, gedrungener Gestalt (Länge: 8–13 cm), mit breitem Kopf und abgerundeter Schnauze. Weitere Kennzeichen sind die waagerechten Pupillen, die großen Ohrendrüsenwülste sowie die drüsenreiche, warzige Haut. Mittels der Drüsen sondern die Tiere ein giftiges Sekret zur Abwehr von Feinden ab. Die Färbung variiert zwischen verschiedenen Brauntönen, wobei oft auf der Körperoberseite dunklere Flecken zu erkennen sind.
Erdkröten besiedeln ein breites Spektrum an Lebensräumen. In Wäldern, Wiesen, Feldern, vegetationsreichen Ton-, Sand- und Kiesgruben sowie im menschlichen Siedlungsbereich (Gärten, Parks, Ruinen) trifft man sie an. Tagsüber in feuchten Unterschlüpfen verborgen, jagen die Tiere mit hereinbrechender Dämmerung Schnecken, Würmer, Spinnen, Asseln usw. Nach der Winterruhe (Oktober bis März) in Landverstecken, begeben sich die Erdkröten auf die Laichwanderung zu ihrem Geburtsgewässer. Dort legen sie an vorjähriger Vegetation, Ast- und Wurzelwerk, Steinen usw. beilstiftdicke, bis mehrere Meter lange Gallertschnüre ab (vgl. S. 124), die insgesamt 2000 bis 7000 Eier enthalten. Um wandernde Erdkröten vor dem Verkehrstod zu bewahren, darf man sie nicht in dichtbesiedelten Gebieten in Gartenteichen ansiedeln. Ohnehin nehmen Erdkröten einen Gartenteich nur an, wenn ihnen die Biotopbedingungen zusagen. Dies gilt auch für die seltenere Wechselkröte *(Bufo viridis)* und die Kreuzkröte *(Bufo calamita),* die vegetationsarme, besonnte Laichgewässer bevorzugen. Auch sie legen ihre Eier in Laichschnüren ab.

Gelbbauchunke *Bombina variegata*

Die Gelbbauchunke, die zur Familie der Scheibenzüngler (Discoglossidae) gehört, besitzt einen gedrungenen, flachen Körper. Während die warzige Körperoberseite olivgrau bis graubraun gefärbt ist (Foto unten links), ziert die Bauchseite ein gelbes Fleckenmuster auf blaugrauem bis schwärzlichem Grund (Foto unten rechts). Charakteristisch ist die herzförmige Pupille.
Gelbbauchunken bewohnen stehende, vegetationsarme Kleingewässer (Wasserlachen, Tümpel, Gräben, wassergefüllte Wagenspuren) im Hügel- und Bergland. Sie überwintern in Landverstecken. Gegenüber Feinden ist die Gelbbauchunke durch die Abgabe eines ätzenden, giftigen Drüsensekretes sowie durch besondere Verhaltensweisen geschützt. Bei Störungen im Wasser tauchen die Unken schnell unter und graben sich im Schlamm ein, an Land nehmen sie eine Schreckstellung ein. Im Tiefland wird die Gelbbauchunke durch die unterseits rotgefleckte Rotbauchunke *(B. bombina)* vertreten. Die Unken setzen ihre Eier von April bis August einzeln oder in kleinen Gruppen an Pflanzen und am Gewässergrund ab. Zur Haltung von Unken muß der Gartenteich fischfrei und flach sein.

Laubfrosch *Hyla arborea*

Unter den einheimischen Fröschen ist der Laubfrosch mit einer Länge von 4–5 cm der kleinste. Je nach Wohlbefinden und Außenfaktoren kann der ovale Körper oberseits grasgrün, grau, braun oder hellgelb gefärbt sein. Der gekörnte, weiße Bauch ist von der grün gefärbten Körperoberseite durch einen schwarzweißen Doppelstreifen getrennt. Als einziger der einheimischen Lurche verfügt der Laubfrosch über Haftscheiben an Zehen und Fingerspitzen, die ihm das Klettern in Schilf, Büschen und Bäumen erleichtern. Dort verweilt er gern tagsüber und sonnt sich. Mit Hereinbruch der Dämmerung und in der Nacht fangen die Frösche Insekten, die ihnen als Nahrung dienen. Sonnenexponierte, vegetationsreiche Gräben, Tümpel, Weiher sowie Seeufer im Tiefland, die von Buschwerk und Bäumen gesäumt werden, stellen geeignete Laubfroschbiotope dar. Von April bis Juni suchen laichwillige Tiere diese Gewässer auf, um die etwa walnußgroßen Laichklumpen abzulegen. Gewässerbereiche bis zu einer Tiefe von 20 cm werden hierbei bevorzugt. Ab Anfang August, zuweilen auch früher, verlassen die etwa 1 cm großen Jungfrösche das Wasser. Laubfrösche sind bei uns selten geworden. Deshalb kann mit einer natürlichen Besiedlung unseres Gartenteiches durch Laubfrösche nur in wenigen Fällen gerechnet werden. Eine Entnahme von Tieren aus der freien Natur verbietet sich aber aus naheliegenden Gründen.

Feuersalamander *Salamandra salamandra*

Aufgrund seines Aussehens ist der Feuersalamander unverwechselbar. Sein langgestreckter Körper (Länge: 20–28 cm) weist eine glänzend schwarze Grundfärbung auf mit gelben bis orangefarbenen Flecken. Als Lebensraum besiedelt diese Art die feuchten und schattigen Laubwälder des Hügel- und Berglandes mit ihren Quellen und Bächen. Tagsüber trifft man die Tiere versteckt unter Fallaub, Moospolstern, Steinen, Baumwurzeln und dergleichen an. In der Dämmerung und nachts gehen sie auf die Jagd nach kleinen Wirbellosen (Würmern, Schnecken, Gliederfüßer). Von Oktober bis März beziehen die Salamander Landverstecke als Winterquartier. Die Paarung erfolgt an Land von Mai bis Juni. Nach der bis zu mehrere Monate dauernden Trächtigkeit setzt das lebendgebärende Weibchen bis zu 50 Larven in Quelltümpeln, Bächen, aber auch sommerkalten Stillgewässern ab. Sollte der Feuersalamander in der Umgebung unseres Gartens vorkommen, wird er sich bei ihm zusagenden Verhältnissen von selbst am Gartenteich einstellen. Keinesfalls dürfen Exemplare aus wildlebenden Beständen für Besatzzwecke entnommen werden. Wollen wir den Feuersalamander an unseren Gartenteich binden, müssen wir den erwachsenen Tieren genügend feuchte Unterschlupfmöglichkeiten anbieten (z. B. Steinhaufen, Laubansammlungen, Bretter, größere Aststücke). Bei Gartenarbeiten sollte man diese Versteckplätze als »beruhigte Zonen« aussparen.

Teichfrosch *Rana lessonae*
Wasserfrosch *Rana esculenta*

Teichfrosch und Wasserfrosch, oft auch als Grünfrösche bezeichnet, sind nur schwer auseinanderzuhalten. Wissenschaftler glauben, daß der Wasserfrosch als ein Kreuzungsprodukt zwischen Teichfrosch und Seefrosch *(R. ridibunda)* anzusehen ist. Der Teichfrosch (Länge: 5–9 cm) unterscheidet sich vom Wasserfrosch (Länge: 12 cm) durch die kürzeren Hinterbeine und die größeren Fersenhöcker auf der Unterseite der ersten Zehe. Je nach Wohngewässer, Stimmungslage, Tageszeit und anderen Faktoren kann die meist schwärzlich gefleckte Oberseite beider Arten hellgrün, dunkelgrün oder braun gefärbt sein. Die Hinterbeine weisen eine gelb- und braunschwarze Marmorierung auf. Der weiße Bauch trägt beim Wasserfrosch graue Flecken. Die Männchen haben Schallblasen hinter den Mundwinkeln (vgl. Foto).
Beide Froscharten besiedeln Gewässer mit einem reichen Bewuchs an Ufer- und Wasserpflanzen. Hierbei zieht der Teichfrosch eher kleinere Biotope (Tümpel, Gräben) vor. Die tagaktiven Tiere ernähren sich von Insekten, Würmern, Schnecken, Gliederfüßern, Kaulquappen, Fischbrut, jungen Mäusen und jungen Eidechsen. Zur Paarungszeit (April bis Juni) legen die Froschweibchen Laichballen ab, die 500–1500 Eier (Wasserfrosch bis 10 000 Eier) enthalten. Etwa nach 7 Tagen schlüpfen die 5–6 mm großen Kaulquappen, die für viele Wasserbewohner eine willkommene Beute darstellen. Da die beiden Arten sehr standorttreu sind, eignen sie sich für den Gartenteich gut. Laich, Larven und erwachsene Tiere dürfen aber nicht aus der freien Natur entnommen werden, da dies Artenschutzbestimmungen verbieten.

Grasfrosch *Rana temporaria*

Der unter die Braunfrösche einzuordnende Grasfrosch gehört bei uns zu den häufigsten Landfroscharten. Er ist durch einen gedrungenen Körper (Länge: bis 10 cm) mit abgerundeter Schnauze und einen markanten dunklen Schläfenfleck gekennzeichnet. Die dunkel gefleckte, hellbraun bis schwarzbraun gefärbte Oberseite ist an den Hinterbeinen marmoriert, ebenso der weißliche Bauch.
Im Sommer trifft man den Grasfrosch in feuchten, vegetationsreichen Gebieten (Wälder, Riedflächen) an. Zum Ablaichen wandern die Frösche schon im Februar zum Laichgewässer, um dort die aus 2000–4000 Eiern bestehenden Laichballen abzusetzen (vgl. S. 124). Von den einheimischen Amphibienarten laicht der Grasfrosch somit am frühesten. Die geschlüpften Kaulquappen fallen in Gewässern mit geringen Versteckmöglichkeiten häufig den Fischen zum Opfer, da sie keine Bitterstoffe absondern. In seiner Ernährung gleicht der Grasfrosch den vorgenannten Grünfröschen. Will man die wandernden Grasfrösche vor dem Verkehrstod bewahren, darf man sie nicht in Gartenteiche straßenreicher Siedlungsgebiete einsetzen.

Kammolch *Triturus cristatus*

Mit einer Körperlänge von 14–18 cm ist der Kammolch die größte einheimische Molchart. Der langgestreckte Molch besitzt einen seitlich abgeflachten Schwanz, der einen schneideartigen oberen und unteren Hautsaum aufweist. Zur Paarungszeit bildet das Männchen an Kopf und Rücken einen gezackten Hautkamm aus (Foto oben). Auf der schwarzbraun gefärbten Oberseite sowie auf der gelb bis orangefarbenen Unterseite treten dunkle Flekken auf. Kehle und Flanken tragen weiße und gelbliche Punkte.
Kammolche besiedeln oft schon ab Februar pflanzenreiche, sonnenexponierte Gräben, Tümpel und Teiche. Von März bis Mai findet in diesen Gewässern die Paarung statt. Dem Laichakt geht ein interessantes Vorspiel voraus, wobei das Männchen schlängelnde und zitternde Bewegungen mit dem Körper und dem nach vorne gewendeten Schwanz ausführt. Die etwa 100–250 Eier werden einzeln in eingefaltete Wasserpflanzenblätter abgelegt (vgl. S. 124). Im Spätsommer begeben sich die Kammolche an Land, wo sie sich tagsüber unter Wurzeln, Holz, Laub, Moos und Steinen verbergen. Sie ernähren sich von kleinen Krebstieren, Würmern, Kaulquappen, Insektenlarven, Schnecken sowie Gliederfüßern.

Teichmolch *Triturus vulgaris*

Der Teichmolch zählt zu den weitverbreitetsten Molcharten. Die schlanken Tiere (Länge: 8–11 cm) sind braun bis olivfarben, mit dunkelbraunen Flecken und 5 dunklen Streifen am Kopf. Auf dem im mittleren Bereich orangegelb und an den Seiten weiß gefärbten Bauch kann man beim Männchen schwärzliche Flecken, beim Weibchen Tupfen erkennen. Männliche Molche bilden zur Laichzeit einen gewellten Rückenkamm aus (Foto unten links).
Der Teichmolch laicht im April und Mai in kleinsten Pfützen, Gräben, Tümpeln und Weihern ab. Im Spätjahr kann man ihn in Laubwäldern, Flußauen und im offenen Kulturland antreffen. Bezüglich seiner Lebensweise ähnelt er der vorgenannten Art, ist aber anpassungsfähiger als diese.

Bergmolch *Triturus alpestris*

Unter den einheimischen Molchen gilt der 8–11 cm große Bergmolch als der farbenprächtigste. Er ist auf der Oberseite bläulich bis schwarzbraun gefärbt und dunkel marmoriert. An den Flanken und Halsseiten trägt er schwarze Flecken auf weißem Grund, die von der orangefarbenen, ungefleckten Bauchseite durch eine blaue Binde getrennt sind. Die Männchen weisen zur Laichzeit einen schwarz-gelb gebänderten, glattrandigen Rückenkamm auf (Foto unten rechts). Vom Frühjahr bis zum Sommer leben die Molche in stehenden und langsam fließenden Gewässern des bewaldeten Hügellandes. Ansonsten ähnelt die Art in ihrem Verhalten dem Kammolch.

Amphibienlarven

Bis auf den Alpensalamander machen alle einheimischen Amphibien ein Larvenstadium im Wasser durch. Die Larven der Schwanzlurche (Feuersalamander, Molche) besitzen einen gestreckten Körper mit äußeren Kiemenbüscheln (Foto oben). Vor den Hinterbeinen entwickeln sich die Vorderbeine. Die 25–70 mm großen Feuersalamanderlarven haben ein abgerundetes Schwanzende und im Gegensatz zu den Molchen je einen gelblichen Fleck an der Ansatzstelle der Beine. Bei den bis zu 80 mm großen Larven des Kammolches verjüngt sich das Schwanzende fadenartig. Die Larven von Teich- und Fadenmolch (Länge: bis 35 mm) weisen ein spitz zulaufendes Schwanzende auf, ohne fadenförmigen Fortsatz. Bergmolchlarven (Länge: bis 40 mm) besitzen ein abgerundetes Schwanzende (Foto oben). Die räuberisch lebenden Schwanzlurchlarven ernähren sich von kleinen Krebstierchen, Würmern, Insektenlarven und dergleichen. Sie selbst fallen u.a. erwachsenen Amphibiengenossen, Libellen- und Wasserkäferlarven sowie Fischen zum Opfer.

Im Gegensatz zu den Schwanzlurchen bilden sich bei den Larven der Froschlurche die Hinterbeine zuerst aus. Die hellbraun bis gräulich gefärbten Larven der Unken findet man bevorzugt am Gewässergrund, da sie nicht frei im Wasser schweben können. Gelbbauchunkenlarven (Länge: bis 50 mm) weisen ein dreieckiges, Rotbauchunkenlarven (Länge: bis 56 mm) ein querelliptisches Mundfeld auf. Die 25–45 mm großen Larven der echten Kröten sind grau bis braun (Wechselkröte, Kreuzkröte) und schwarz gefärbt (Erdkröte, Foto Mitte links), teilweise mit hellerer Unterseite. Ihre Kaulquappen schwimmen beim Abweiden der Wasseroberfläche mit der Bauchseite nach oben. Erdkrötenlarven zeigen ein besonderes Sozialverhalten. Sie bilden bis mehrere Meter lange Schwärme, in denen die Einzeltiere parallel ausgerichtet sind. Keine Schwarmbildung findet man dagegen bei Kreuz- und Wechselkrötenlarven. Die scheuen Tiere flüchten bei Beschattung sofort. Auffallend große Larven treten bei Geburtshelferkröte (Länge: bis 80 mm) und der Knoblauchkröte (Länge: bis 180 mm) auf. Knoblauchkrötenlarven vermögen völlig frei im Wasser zu schweben, ansonsten schwimmen sie mit ruhigen Schwanzschlägen.

Typisch für die Larven des Laubfrosches ist der fast bis zwischen die Augen reichende Schwanzsaum und der spitz zulaufende Schwanz. Man kann die Larven häufig frei schwebend im Schutz von treibenden Wasserpflanzen finden. Als schwierig erweist sich die Unterscheidung der Grünfroschlarven für den Ungeübten. Wasserfroschlarven (Länge: bis 80 mm) haben einen in der Aufsicht elliptischen Körper. Die Tiere sind sehr scheu und verstecken sich bei der geringsten Beunruhigung im Mulm. Bei den Braunfroschlarven (Foto Mitte rechts und unten) kann die Färbung je nach Wohngewässer und Art verschiedene Brauntöne umfassen, zum Teil mit helleren bis goldfarbenen kleinen Tupfen. Wie andere Froschlurchlarven fressen sie pflanzliches und tierisches Plankton, selbst Aas nehmen sie zu sich.

Amphibienlaich

Mit Ausnahme der lebendgebärenden Salamander legen alle einheimischen Amphibien Eier. Feuersalamander setzen ihre Larven im Wasser ab. Alpensalamander bringen nach einer Tragzeit von 2–3 Jahren vollentwickelte Jungtiere zur Welt. Die eierlegenden Amphibienarten legen ihre Eier zu unterschiedlichen Zeiten in den Gewässern ab. Am frühesten im Jahr laicht der Grasfrosch (ab Ende Februar), gefolgt von der Erdkröte (ab Anfang März) und anderen Arten. Als der späteste Laicher unter den Amphibien gilt die Wechselkröte, die sich im Mai oder sogar erst im Juni paart.

Durch Farbe, Form, Anordnung oder den Ablageort lassen sich die von einer Gallerthülle umgebenen Eier der meisten Amphibienarten voneinander unterscheiden. Molche deponieren ihre mit der Hülle maximal 5 mm messenden Eier an Wasserpflanzen. Dabei werden die Eier einzeln in Pflanzenblättchen eingewickelt (Foto oben links). Sind keine Pflanzen vorhanden, nutzen die Molche auch im Wasser liegendes Holz, Steine oder ein ähnliches Laichsubstrat, um ihre Eier anzuheften.

Die Unken legen ihre graubraunen Eier einzeln oder in kleinen Klumpen (2–30 Stück) am Gewässergrund oder an Wasserpflanzen ab. Interessanterweise setzt die Geburtshelferkröte ihre Eier nicht im Wasser ab. Nach der Paarung an Land wickelt sich das Männchen die aus 50–80 Eiern bestehende Laichschnur um die Hinterbeine und trägt sie mit sich herum. Erst nach 2–3 Wochen, wenn die Larven schlüpfen, sucht das Männchen das Wasser auf. Dagegen findet man die 15–50 cm langen und 12–15 mm dicken Laichschnüre der Knoblauchkröte im Wasser, um Wasserpflanzen und Grashalme geschlungen oder am Gewässerboden. Die braunschwarzen mit einem weißlichen Punkt versehenen Eier (bis 1000 Stück) sind vielreihig angeordnet. Echte Kröten (Erdkröte, Wechselkröte, Kreuzkröte) legen Laichschnüre (Länge: 1–5 m) im Pflanzenwuchs ab. Die Eier liegen in 2–4 Reihen angeordnet (Foto unten). Bei der Erdkröte kann die Stückzahl der schwarzen, etwa 1 mm großen Eier bis 7000 betragen. Eine Laichabgabe der Wechselkröte erbringt ca. 10000–12000 bräunliche Eier. Kreuzkröten legen Laichschnüre mit 3000–4000 schwarzen, grau gefleckten Eiern ab.

Etwa walnußgroß sind die Laichklumpen des Laubfrosches. Man kann sie an Wasserpflanzenstengel angeklebt oder am Gewässergrund entdecken. Die Eier besitzen eine gelblichweiße bis schwefelgelbe Farbe. Grünfrösche (Wasserfrosch, Teichfrosch, Seefrosch) und Braunfrösche (Grasfrosch, Moorfrosch, Springfrosch) setzen ihre Eier in Form von unregelmäßigen Laichklumpen ab. Bei den Grünfröschen sind die Eier unterseits gelblich, oberseits braun. Nach der Laichabgabe sinken die Laichballen auf den Gewässergrund. Dagegen schwimmen die Laichballen der Braunfrösche an der Wasseroberfläche (Grasfrosch, Foto oben rechts) oder schweben im Wasser (Springfrosch, Moorfrosch). Die Eier weisen oben eine schwärzliche bis braune Farbe auf, unten sind sie weißlich.

Register

Wissenschaftliche Namen

Deutsche Namen